DOCUMENTS NOUVEAUX

SUR LA

GRANDE CONFRÉRIE NOTRE-DAME

AUX PRÊTRES ET BOURGEOIS

DE PARIS.

Extrait des *Mémoires de la Société de l'Histoire de Paris
et de l'Ile-de-France*, t. XXXII (1905).

DOCUMENTS NOUVEAUX

SUR LA

GRANDE CONFRÉRIE NOTRE-DAME

AUX PRÊTRES ET BOURGEOIS

DE PARIS

PUBLIÉS PAR

Henri OMONT

MEMBRE DE L'INSTITUT

PARIS

1905

DOCUMENTS NOUVEAUX

SUR LA

GRANDE CONFRÉRIE NOTRE-DAME

AUX PRÊTRES ET BOURGEOIS

DE PARIS.

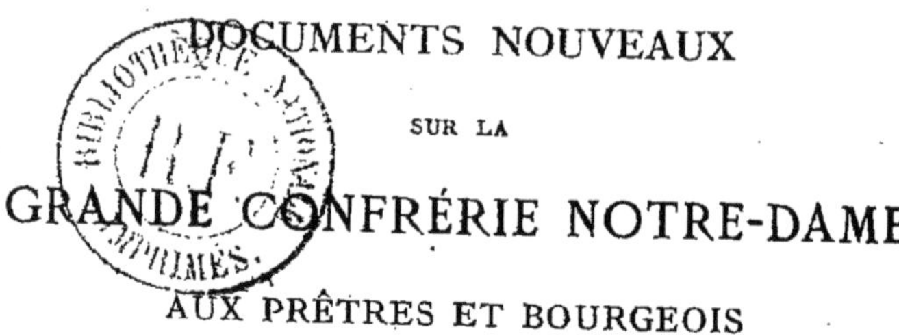

La Grande Confrérie Notre-Dame aux prêtres et bourgeois de
Paris a été la plus fameuse des anciennes confréries parisiennes
du moyen âge, et elle est bien connue depuis la consciencieuse
étude que Leroux de Lincy lui a consacrée il y a une soixantaine
d'années[1]. Fondée, selon toute apparence, au début du xiiie siècle,
elle a compté dans ses rangs tous les rois et reines qui se sont
succédé sur le trône, de Philippe-Auguste à Louis XV, plusieurs
princes du sang royal, tels que les ducs de Berry, de Bourgogne
et d'Orléans, aux xive et xve siècles, nombre de grands person-
nages ecclésiastiques et laïques, chanceliers, présidents et conseil-
lers des cours souveraines, magistrats municipaux, sans parler
des plus riches bourgeois de Paris[2].

Au début, la Grande Confrérie Notre-Dame aux prêtres et
bourgeois de Paris ne devait compter, en mémoire des soixante-

---

1. Dans les *Mémoires de la Société royale des Antiquaires de France*
(1844), t. XVII (nouv. série, t. VII), p. 200 à 317, et tiré à part sous le titre
de : *Recherches sur les anciennes confréries de la ville de Paris, I. —
Recherches sur la Grande Confrérie Notre-Dame aux prêtres et bourgeois
de la ville de Paris, suivie du cartulaire et des statuts originaux de cette
confrérie* (Paris, 1844, in-8°, 123 p.).

2. On y trouvera, par exemple, les noms de plusieurs membres de la
famille d'Étienne Marcel. Cf. l'article de M. H. Fremaux, dans les *Mémoires
de la Société de l'Histoire de Paris* (1903), t. XXX, p. 175-242.

I

douze disciples du Christ, que soixante-douze confrères. Une moitié étaient clercs, l'autre moitié laïques, et ils étaient associés deux par deux : un prêtre chargé de prier pour son confrère laïque et un laïque auquel incombait le soin de payer la cotisation de son confrère clerc. Trois officiers étaient chargés de l'administration de la confrérie : un abbé, ou président; un prévôt, ou trésorier; un doyen, ou secrétaire. Deux assemblées générales avaient lieu annuellement : l'une en hiver, au mois de janvier, le dimanche après l'Épiphanie; l'autre en été, au mois d'août, le dimanche après l'Assomption. Les confrères assistaient, dans l'église de Saint-Jean-en-Grève, à une messe solennelle du Saint-Esprit, après laquelle ils prenaient en commun un repas, où l'on distribuait aux pauvres les parts des confrères morts dans l'année et qu'une pieuse pensée avait fait servir à leur place ordinaire; le lendemain, à l'issue d'une messe des Morts, avait lieu la reddition et l'approbation des comptes de la Confrérie.

Mais, dès les premières années du xɪɪɪ^e siècle, la Confrérie avait joui d'une telle faveur que le nombre de ses membres, primitivement fixé à soixante-douze, s'était élevé à plus de cent; aussi fut-il décidé, en 1221, puis en 1225, qu'on cesserait temporairement d'admettre de nouveaux confrères jusqu'à ce que le nombre en fût ramené à cent[1], et qu'il ne serait plus désormais statué sur les admissions des nouveaux membres en dehors des deux réunions annuelles de la Confrérie. Une mesure plus grave était prise en même temps : l'exclusion des femmes était prononcée, « quia in detrimentum videntur esse Confrarie »; exception était faite toutefois pour la reine ou quelqu'autre grande dame qui pourrait désirer faire partie de la Confrérie. En même temps, il était défendu d'admettre aux deux repas annuels des personnes étrangères à l'association.

La faveur sans cesse grandissante de la Confrérie, qui se réunissait alors dans l'église de la Madeleine de la Cité, ne devait pas tarder à faire négliger l'observation des règlements relatifs au chiffre des membres, et on dut les renouveler en 1266. A cette date, le nombre des confrères laïques, sans compter les femmes (qui avaient de nouveau été admises), était supérieur de vingt-huit à

---

1. Il y avait aussi treize confrères habitant Saint-Denys : sept prêtres et six laïques.

celui des prêtres. On décida une seconde fois de ramener chaque catégorie de confrères au chiffre de cinquante, exception faite cependant pour les confrères laïques qui auraient fait don en entrant d'une somme de cent sous tournois. En 1275, il fut encore établi qu'un confrère laïque ne devait être remplacé que par un autre laïque et qu'on ne recevrait à sa place ni prêtre ni clerc. En même temps, les femmes, qui ne prenaient pas part au repas en commun, se voyaient attribuer, aux mêmes jours, un grand échaudé et un demi-setier de vin. En 1273, et enfin en 1276, d'autres règlements, dont on trouvera plus loin le texte ainsi que celui des précédents, avaient précisé les devoirs, les charges et les émoluments des officiers et servants de la Grande Confrérie.

Si l'organisation intérieure de la Grande Confrérie Notre-Dame a été plusieurs fois déjà l'objet d'études spéciales[1], la lumière est encore loin d'être complètement faite sur nombre de points de son histoire et de son administration, dont quelques-uns pourront être précisés ou élucidés par les documents nouveaux publiés plus loin. Le volume dans lequel ils ont été transcrits vers la fin du xiiie siècle et qui est récemment entré dans les collections de la Bibliothèque nationale, où il a reçu le numéro 855 de la série des nouvelles acquisitions du fonds latin, doit être rapproché d'un autre recueil contemporain, sinon un peu plus ancien, conservé aux Archives nationales sous la cote LL 435[2], et dont presque toutes les pièces ont été publiées à la suite des *Recherches* de Leroux de Lincy. La description de ces deux manuscrits montrera leurs étroits rapports :

---

1. Du Breul, *Théâtre des antiquités de Paris* (1612), fol. 105; Le Maire, *Paris ancien et nouveau* (1685), t. II, p. 78; Sauval, *Antiquités de la ville de Paris* (1724), t. II, p. 495; Piganiol de La Force, *Description de la ville de Paris* (1742), t. I, p. 505; Lebeuf, *Histoire de la ville et de tout le diocèse de Paris* (1754), t. I, p. 348-349; édit. Cocheris (1864), t. II, p. 520-521; et nouv. édit. (1883), t. I, p. 216-217. — On peut encore citer : le *Manuel de la grand Phrairie des bourgeoys et bourgeoyses de Paris* (Paris, 1534, in-8°, goth.); *Recherche de l'origine, antiquité, prérogative et œconomie de la Grande et royale Confrérie de la Vierge, aux prestres et bourgeois de Paris*, [par M. de Machault, président au Grand Conseil] (Paris, 1660, in-8°); enfin, un court *Mémoire sur la Grande Confrérie de Notre-Dame*, inséré dans le *Mercure de France*, août 1728, p. 1886-1888.

2. Ce volume a porté successivement les cotes L 872, LL 675 et LL 435 et a figuré au *Musée des Archives de l'Empire* sous le n° 276, p. 149 du volume d'*Inventaires et documents* (Paris, 1867, in-4°).

I. — *Manuscrit des Archives nationales,*
LL 435.

Volume de format in-folio, composé de 34 feuillets de parchemin, mesurant 305 millimètres sur 198, avec une reliure moderne en plein maroquin rouge.

Fol. 1-24 v°. Cartulaire de la Grande Confrérie Notre-Dame, contenant la copie de trente-huit chartes[1], de 1218 à 1267, publiées par Leroux de Lincy, *Recherches*, etc., p. 47-88.

La 38° charte est ajoutée d'une autre main, de même que tout ce qui suit, et il semble qu'il y ait une lacune entre les feuillets 24 et 25.

Fol. 25 et v°. Partie d'un censier de la même Confrérie, dont le début manque dans le manuscrit et dont le dernier article seul a été imprimé aux pages 15-16 des *Recherches* de Leroux de Lincy; il se trouve complet aux feuillets vj×xix-vj×xxiv v° du second manuscrit.

Fol. 25 v°-26. Règlement pour la réforme de la Grande Confrérie Notre-Dame, en janvier 1224 (1225), reproduite dans le second manuscrit et imprimée plus loin, p. 13.

Fol. 26 v°-27. Note, en français, sur la réforme de la Grande Confrérie Notre-Dame, du 23 août 1266, imprimée par Leroux de Lincy, *Recherches*, etc., p. 16-17, et copiée à la suite d'un règlement, en français, de la Confrérie dans le second manuscrit.

Fol. 27 v°-33. Obituaire de la Grande Confrérie Notre-Dame, publié par A. Molinier dans le *Recueil des historiens de France, Obituaires*, t. I, 2ᵉ partie, p. 827-832.

Les feuillets 33 v° et 34 sont blancs, avec quelques essais de plume.

II. — *Manuscrit de la Bibliothèque nationale,*
nouv. acq. lat. 855.

Volume de format in-4°, composé de 152 feuillets de parchemin, mesurant 250 millimètres sur 170, avec une reliure moderne en maroquin La Vallière, gaufrée, et signée de Belz-Niedrée. La pagination ancienne indique vij×xxij, soit 152 feuillets, mais les feuillets lxj et lxij, qui offraient sans doute les peintures ordinaires du canon de la messe, ont été coupés; deux feuillets, contenant la copie d'un acte du xiv° siècle[2], ont été par contre ajoutés en tête du manuscrit.

Fol. i-xxxiiij v°. Obituaire de la Grande Confrérie Notre-Dame, rédigé dans la seconde moitié du xiii° siècle, avec additions de différentes mains du xiv° siècle. — Publié plus loin, p. 19 et suiv.

---

1. La première de ces chartes est le Règlement de 1220 (1221).
2. Publié plus loin, p. 47, à la suite de l'obituaire.

Les fol. xxxv et xxxvj ont été laissés en blanc.

Fol. xxxvij-vj^{xx}v v°. Offices et prières pour la réception, la visite et les funérailles des confrères.

(Fol. **xxxvij**.) *Introitus ad recipiendum confratres.* Suscepimus, Deus, misericordiam tuam in medio templi tui. *Psalmus.* Magnus Dominus et laudabilis nimis in civitate Dei nostri in monte sancto ejus. Gloria Patri. Kyrieleyson, Christeleyson, Kyrieleyson. Pater noster. Et ne nos. Salvum fac servum tuum. Mitte ei, Domine, auxilium de sancto. Domine, exaudi orationem meam. Dominus vobiscum.

Oratio. Omnipotens, sempiterne Deus, miserere famulo tuo N. et dirige eum secundum tuam clementiam in viam salutis eterne, ut, te donante, tibi placita cupiat et tota virtute perficiat. Per. — In illo tempore, cum esset Jhesus annorum duodecim, ascendentibus illis in Jerosolimam, secundum consuetudinem diei festi, consummatisque diebus, cum redirent, remansit puer Jhesus in Jherusalem, et non cognoverunt parentes ejus, et reliqua.

Omelia venerabili[s] Bede pre[s]biteri de [e]adem lectione. Aperta nobis est, fratres karissimi, sancti Euvangelii lectio recitata, neque opus est ut in ea quid exponendo loquamur....

(Fol. xliij v°.) *Lectio sancti Euvangelii secundum Lucam.* In illo tempore, intravit Jhesus in quoddam castellum, et mulier quedam Martha nomine ex[c]epit illum in domum suam, et reliqua.

(*Ibid.*) *Omelia venerabili[s] Bede presbiteri de [e]adem lectione.* Textus istius lectionis heret superioribus verbis sancti Euvangelii, ubi Dominus, pharisiaca questione pulsatus, parabolam in latrones incidentis et samaritani....

(Fol. xlvj v°.) *Omelia sancti Augustini in Assumpcione beate Marie.* Celebritas hodierne diei nos ammonet ut in laude Virginis immorari debeamus, quia re vera dignum est ut in die tante genitricis laudes Domini non sileat lingua carnis....

(Fol. xlix v°.) *Item alia omelia.* Adest nobis, dilectissimi fratres, optatus dies beate ac venerabilis semper virginis Marie, ideo cum summa exultatione gaudeat terra nostra, tante virginis illustrata excessu....

(Fol. liij v°.) *Ad aquam benedicendam.* Benedicite, Dominus. Adjutorium nostrum in nomine Domini, qui fecit. *Benedictio salis.* Exorcizo te, creatura salis, per Deum ✝ vivum, per Deum ✝ verum, per Deum ✝ sanctum....

(Fol. lv v°.) *Missa de Sancto Spiritu. Introitus.* Spiritus Domini replevit orbem terrarum... [avec musique notée].

(Fol. lix.) *Missa communis.* Concede, quesumus, omnipotens Deus, ut intercessio nos sancte Dei genitricis...[1].

(Fol. lxviij.) *Visitatio infirmorum, scilicet unctionem.* Intrante domum

---

1. Si les deux grandes miniatures du canon de la messe (fol. lxj et lxij) ont disparu, comme il a été dit plus haut, le volume offre encore, au fol. lxiij et verso, deux petites miniatures, représentant, l'une, le prêtre debout, en prières devant l'autel, et, derrière lui, un clerc également debout et élevant un flabellum au-dessus de sa tête; l'autre, Adam et Ève devant le serpent, à tête de femme, enroulé autour d'un arbre.

sacerdote, dicat : Pax huic domui et omnibus habitantibus in ea. *Anti-phona.* Intret oratio mea. *Psalmus David.* Domine, ne in furore tuo arguas me, neque in ira tua corripias me.... [Sept psaumes de la pénitence, suivis des litanies des saints (fol. lxxiij v°) et de différentes prières pour l'extrême onction.]

(Fol. lxxviij.) *Missa pro infirmis.* Exaudi, Deus, orationem meam et ne despexeris...·[avec musique notée].

(Fol. lxxx.) *Ad vesperas mortuorum. Antiphona.* Placebo Domino in regione vivorum... [avec musique notée].

(Fol. cx.) *Missa in die depositionis.* Requiem eternam dona eis, Domine,... [avec musique notée].

(Fol. cxij v°.) *Missa in adniversario.* Deus indulgentiarum. *Collecta.* Requiem, Domine, da anime famuli tui N....

(Fol. cxiiij v°.) *Missa pro sacerdotibus.* Deus, qui inter apostolicos sacerdotes famulos tuos....

(Fol. cxv.) *Missa plurimorum defunctorum. — Pro femina, — Pro congregatione. — Pro patre et pro matre. — Pro his qui in cimiterio quiescunt. — Pro cunctis fidelibus. — Tam pro vivis quam pro mortuis.*

(Fol. vjxx.) [Prières pour la sépulture, avec musique notée.] Non intres in judicium cum servo tuo, Domine, quoniam nullus justificabitur homo, nisi per te....

Fol. vjxxv v°-vjxxix. Statuts de la Grande Confrérie Notre-Dame.

Fol. vjxxix-vjxxxiv v°. Censier de la Grande Confrérie Notre-Dame.

Fol. vjxxxiv v°-vjxxxvj. Règlement pour la réforme de la Grande Confrérie Notre-Dame, en janvier 1224 (1225).

Fol. vjxxxvj v°-vjxxxvij v°. [Prières, avant et après le repas.] Veni, Sancte Spiritus, et emitte celitus lucis tue radium... [avec musique notée]. — *Benedictio prandii. — Gratie post prandium;* publiées, à quelques variantes près, par Leroux de Lincy, *op. cit.*, p. 104. — Les fol. vjxxxviij et vjxxxix ont été laissés en blanc.

Fol. vijxx-vijxxij v°. Règlement, en français, pour la réforme de la Grande Confrérie Notre-Dame et note sur la réforme du 23 août 1266.

Fol. vijxxij v°-vijxxiiij. Règlements, en français, des 21 août 1273, 19 août 1275 et 16 août 1276, et inventaire des « choses de la Grant Confrarie Nostre Dame de Paris, apartenanz au services et aus obseques ». — Le fol. vijxxiiij v° a été laissé en blanc.

Fol. vijxxv-vijxxxij v°. Cartulaire de la Grande Confrérie Notre-Dame, contenant la copie de quinze chartes (la fin de la 15e manque), sur quarante et une au moins qui ont dû y être transcrites[1]; celles dont le texte a été conservé sont datées de 1271 à 1292.

Le manuscrit de la Bibliothèque nationale est tout différent,

---

1. Cf. p. 74 la note de la pièce XIV. — L'écriture du manuscrit change et devient moins grosse à partir du fol. vijxxij v°.

comme on le voit, et forme en quelque sorte le complément du cartulaire-obituaire conservé aux Archives nationales. Les trente-huit chartes copiées en tête de ce dernier volume, qu'il faut peut-être identifier avec le *charteriolum*[1] de la Confrérie, et qui sont datées des années 1218 à 1267, constituent, en effet, un premier cartulaire de la Grande Confrérie Notre-Dame, dont la continuation est formée par les quinze actes postérieurs, de 1271 à 1292, transcrits à la fin du nouveau manuscrit. Quant à l'obituaire, son texte est, à quelques légères variantes près, pour la partie ancienne, le même dans les deux exemplaires. Mais, tandis qu'il est écrit d'une main rapide sur les derniers feuillets du cartulaire des Archives nationales, la partie ancienne en est au contraire soigneusement calligraphiée, et il occupe la première place dans le manuscrit récemment entré à la Bibliothèque nationale. Les additions nombreuses, transcrites par plusieurs mains sur ce nouvel obituaire dans le courant du xivᵉ siècle, ont paru présenter d'assez notables variantes avec l'obituaire de 1424, publié dans le *Recueil des historiens de France*[2], pour qu'il ne fût pas inutile d'en reproduire ici le texte complet.

En résumé, le *Livre de la Grande Confrérie*, nouvellement entré dans les collections de la Bibliothèque nationale, a conservé, comme on vient de le voir, les différents documents qu'on trouvera imprimés plus loin :

1º Les *Statuts*, en latin et en français, de la Grande Confrérie.

2º Plusieurs *Règlements* postérieurs de la Grande Confrérie, datés de 1225 à 1276.

3º Un nouvel *Obituaire*, copié au xiiiᵉ siècle, avec de très nombreuses additions faites pendant tout le cours du xivᵉ siècle.

4º Un *Censier* de la Grande Confrérie, de la fin du xiiiᵉ siècle.

5º Un Inventaire des ornements et livres d'offices, en 1289.

6º Un second *Cartulaire*, contenant le texte de quinze chartes de 1271 à 1292.

---

1. Voir plus loin, p. 14.

2. *Obituaires*, t. I, 2ᵉ partie, p. 832-842; d'après le ms. LL 436 des Archives nationales. Un troisième ou quatrième obituaire, de la fin du xvᵉ siècle, conservé aussi aux Archives nationales sous la cote LL 437, a été publié (*Ibid.*, p. 842-850).

I.

STATUTS DE LA GRANDE CONFRÉRIE NOTRE-DAME AUX PRÊTRES
ET BOURGEOIS DE PARIS.

Texte latin.

In Euvangelio legimus quod Dominus ac redemptor noster Jhesus, antequam gloriosam crucem ascenderet septuaginta duos discipulos designavit et eos in orbem universum binos et binos misit[1]. Ad cujus rei venerandamque memoriam sancti predecessores nostri, in honore ejusdem Domini nostri Jhesu Christi et ejus genitricis et virginis Marie predictorumque lxx[a] duorum discipulorum, quandam confrariam instituerunt, quam Magnam Confrariam beate Virginis vocaverunt.

Et quia in omnibus religionis vestigiis inherere cupiebant instituerunt quod in ea unus ipsorum confratrum *abbas* constitueretur. Non ideo quod ille in ea aliquid juris vel proprie potestatis habeat, sed quia per ipsum, consilio et assensu omnium confratrum, beneficia et negocia Confrarie disponuntur et amministrantur; quo defuncto seu ab officio remoto, alius

Texte français[2].

Nous lisons en la sainte Euvangile que, einz que nostre Sires fust mis en croiz, il envoia lx. et xij. deciples par tout le monde, deux et deux, pour preeschier son non. En remembrance de ceste chose, nostre ancesseur, en l'onneur de Dieu et de sa douce mere nostre dame sainte Marie et de ses deciples, establirent une confrarie, qui est apelée la grant Confrarie Nostre Dame.

En ceste Confrarie li uns des confreres par le commun ascent est eleuz, qui est apelez *abbés*, non mie pour ce que il ait plus de droisture, ne de propre pooir que uns autres, mes pour ce que par li, et du conseil et de l'ascentement des confreres, soient li beneffice et les besoignes de la Confrarie ordenées, et se il meurt, ou il lesse l'office de soi, ou il en est ostez,

---

1. *Marc*, VI, 7; *Luc*, X, 1.

2. De nombreuses corrections orthographiques, faites au xve siècle pour rajeunir le texte français, n'ont pas toujours permis de restituer la leçon originale du manuscrit.

communi consilio et assensu ei substituitur.

Est et alius, qui *prepositus* dicitur, ad quem spectant redditus, et collectas et cetera beneficia Confrarie recipere et colligere, et pro consilio et voluntate aliorum distribuere et expendere. Est autem hic in suo officio quamdiu ipsi et aliis placuerit; quo cessante, alius substituitur.

Est et tertius, qui nomine *decani* censetur, cujus officium est confratres ad capitula, ad sedes, ad visitationes et obsequia mortuorum convocare et submonere.

Sunt, ut jam prelibatum est, lxx. duo confratres, aliquando vero plus, aliquando minus, prout misericordia confratrum et devotio et honestas Confrariam expetentium se habuerit. Medietas autem illorum sunt sacerdotes, altera medietas laici.

Sunt, ut jam diximus, bini et bini subportantes se adinvicem; nam unusquisque sacerdotum suum laicum et laicus sacerdotem proprium et assignatum debet habere, quod ad invicem ita se subportant, quod sacerdos supplet ea que ex institutione Confrarie in spiritalibus laicus debet, laicus vero expensam, quam suus sacerdos in Confrariam debet, habet solvere.

uns autres confreres prestres est mis et establis en son leu.

Aprez uns autres est, qui est apelez *prevos;* cil doit recevoir les rentes, et les quetez et les autres benefices de la Confrarie et despendre les par le conseil et par la volenté des confreres; et s'il lesse cel office, uns autres est mis en son leu dou commun ascent.

Li tiers confreres est, qui est apelez *diens,* a celui apartient apeler et semondre les confreres aus chapitres, et aus seiges, et aux visitations des malades et aux services des mors.

En la Confrarie sunt et doivent estre, si comme il est establi dou commun acort, c. confreres[1]; la moitié sunt provoires et la moitié lay, et xiij. de Saint Denis en France[2]; c'est asavoir vij. prestres et vj. lays.

Et sunt dui et dui, quar chascuns lais doit avoir son provoire et chascuns prestres son lay, et doit li prestres porter le fes de son lay es choses espirituex, et li lays es choses temporex.

---

1. Le texte latin, plus ancien, porte « lxx. duo confratres ».
2. Il n'est pas question des confrères de Saint-Denys dans le texte latin.

Cum autem aliquis confratrum infirmitate deprimitur, sacerdos, cujus parrochianus vel vicinus infirmus est, abbati vel decano debet nuntiare. Tunc decanus tam sacerdotes quam laicos debet convocare; qui congregati infirmum debent visitare, et ea que ad visitationem pertinent celebrare; et nimia ejus cognita paupertate, eam ex bonis Confrarie, prout facultas fuerit, relevare. Si autem contigerit infirmum extra civitatem et usque ad vij. leugas esse, abbas cum illis quos secum ducere poterit, ad minus scilicet cum tribus, hanc visitationem pro omnibus supplebit. Visitatione peracta, quisque confratrum v. elemosinas panis pauperibus pro infirmo distribuit; in crastino vero die sacerdotes, ex vice sua, missam que infirmorum est pro eo celebrant, et sequenti similiter die ex vice suorum laicorum.

Cum autem aliquem confratrum mori contigerit, decanus alios confratres submonet et convocat; qui congregati obsequio defuncti intersunt; abbas vero cum ceteris sacerdotibus commendationem facit et missam celebrat. Cui misse tam sacerdotes quam laici, singuli in manibus cereos accensos tenentes, intersunt et ad missam eos offerunt, quos decanus recipit et custodit. Completa vero missa, ad sepeliendum corpus procedunt et decanus cereos, quos

Se auscuns des confreres est malades, li prestres, cui parroissiens ou voizins il est, le doit mander a l'abé ou au dien; lors li diens doit assambler les provoires et les lays, et doivent visiter le malade et feire ce qu'il apartient a la visitation; et ce li malades est si povres qu'il n'ait dont il soit soutenus ne relevez, il doit estre soutenus et relevez des biens de la Confrarie. Se il avient chose que li malades soit hors de la cité dusque a vij. liues, li abbés doit mener o soi des confreres ceux qu'il porra avoir, au mainz jusques a iij., et faire la visitacion pour le commun. Et après chascuns confreres lays doit donner au povres v. aumones de pain pour le malade; lendemain li prestres doit chanter la messe des enfers pour soi, le jour aprez pour son lay.

Quant il avient que aucuns des confreres muert, li diens doit semondre et ascembler les confreres au service du mort et i doivent tuit venir; li abbés et li autre provoire doivent dire la commendation de l'ame a la messe, et doivent tuit li un et li autre tenir cierges ardanz en leur mains, tant que li cors soit enterrez; et lors li diens les doit recevoir et garder dusque a lendemain et dusque a tant que li services soit fait des confreres pour le mort, et lors leur doit

in missa susceperat, iterum singulis confratribus distribuit et amministrat; qui eos ardentes, dum obsequium celebratur, manibus tenent. In sequentibus vero per vij. dies pro se unusquisque sacerdotum totum officium mortuorum singulis diebus continue celebrabit, in aliis vij. diebus sequentibus pro laico sibi assignato.

Loco cujus defuncti abbas, ex consilio et assensu omnium confratrum, alium, si honestus fuerit et devote societatem et beneficia Confrarie expetierit, suscipit. Intrans vero orationes et beneficia Confrarie, et librum recipiens, osculatur librum et cereum, quem ardentem manu tenet, si in ecclesia fuerit, super altare offert; si in ecclesia non fuerit, super librum. Deinde abbas et alii confratres dant intranti osculum, dicentes : « Ecce quam bonum et quam jocundum habitare fratres in unum[1]. »

Sedet hec Confratria bis in anno, in hyeme videlicet et autompno; in hyeme, prima dominica post Theophaniam; in autumpno, proxima dominica post Assumptionem beate Marie. Sed antequam conveniant ad sedendum, precedenti dominica, in capitulum conveniunt, in quo servientes, et hostiarium, et lectorem et quecumque ad diem conventus neces-

rebailler ardanz, et il les doivent tenir tant que le Euvangile soit leu, et lors les doivent offrir, et li clers les doit recevoir et departir après la messe au proveres qui auront esté à la messe. Et chascuns prestres doit par vij. jors plenier service de mors pour soi et en doit vij. pour son lai.

A savoir est que la Confrarie souloit seoir ij. foiz en l'an, en esté et en iver; en esté le premier dimenche aprez la mi aoust, en iver le dimenche aprez la Thiephaine; ainz que il s'assemblent au siege, il s'assemblent en i. leu nommé et ordennent illuec des choses necessaires au siege, si comme de serviteurs, et des huissiers et des liseurs. Le jour dou siege

---

1. *Psaumes*, CXXXII, 1.

saria sunt instituunt et dispo-
nunt. In die vero sedis ad ecclesiam Beati Johannis[1] conveniunt ubi ad invocationem
Divini abbas, astantibus cunctis, missam celebrat; qua completa, communiter ingrediun-
tur domum, in qua convivium
preparatum est. Quo ex more
completo, precepit abbas omnes
portiones absentium in convi-
via deferri et in fragmento in-
cidi. Postea evocat quosdam
confratrum expeditos et man-
suetos viros, quibus injungit ut
fragmenta colligant ne pereant[2]
et pauperibus distribuant. Quibus depositis, gratias Deo refe-
runt et, hymno dicto, ad propria redeunt.

Mane iterum ad Sanctum
Johannem conveniunt et, cele-
brata ibi missa pro defunctis,
intrant capitulum, quo expensam suam computant et quantum unusquisque reddere de-
beat inspiciunt. Quo cognito,
laici pro se et pro sacerdotibus
sibi assignatis expensam reddunt; deinde quantum ipsi de-
beant, vel in camera habeant,
scripto commendant.

Nec illud pretermittimus,
quod si aliquis confratrum,
quod absit, ad tantam pauper-
tatem devenerit, quod ex proprio non possit sepeliri, de bonis Confrarie honorifice sepe-
lietur, et quicquid in ejus se-

li abbés chante la messe du
Saint Esprit ou de ce qui li
plest, et quant la messe est
chantée, il assemblent au mengier la ou il leur aparellie. En
la fin du mengier li abbés fet
aporter les mes des confreres
qui sont mors en l'an et les
trenchier ou relief; après il fet
le relief donner au povres par
aucuns des confreres que il elist
ad ce, et quant il ont mengié
si comme il doivent, il rent
graces à Dieu lui pour touz.
Après chascuns s'en va la ou li
plest.

Lendemain il rassamblent,
et quant li abbés a la messe
chantée pour les mors, il con-
tent dou despens et de la recete
de leur siege et trestent de li
autres besoignes.

Ce ne fet pas a oublier, que
se aucuns des confreres muert
en tele povreté que il n'ait dont
ses obseques soit faiz, la Confrarie li doit querre et fere de
ses biens honorablement. Sa-
chent tuit que touz les pro-

---

1. Saint-Jean-en-Grève.
2. *Jean*, VI, 12.

pultura vel obsequio necesse fuerit a confratribus sufficienter amministrabitur.

In hac Confraria sunt l. sacerdotes, qui cotidie orant pro confratribus et benefactoribus istius Confrarie.

voires de ceste Confrarie prient chascun jour pour leur confreres et pour les biensfaiteurs de ceste Confrarie.

II.

RÈGLEMENTS POUR LA RÉFORME DE LA GRANDE CONFRÉRIE.

1.

Règlements de 1221 et 1225[1].

Ad hoc scriptum inventum[2] est, ut hec que fiunt in tempore in decessu temporis non labantur. Unde tam presentes sciant quam posteri quod in Confraria beate Marie Parisiensis statutum est ne per intervallum temporis deleatur. In primis videlicet ab universis confratribus, tam sacerdotibus quam laicis, in basilica domini Regis residentibus, in crastino sedis, que est in hyeme, ita provisum est et etiam ab omnibus approbatum, quod nullus amodo laicus admittatur ad beneficium Confrarie, donec ad quinquagenarium numerum sint redacti; quod autem de laicis, idem est et de sacerdotibus intellectum, quando videlicet in eis quinquagenarius erit numerus adimpletus. Preterea quod nullus recipiatur, nec sacerdos nec laicus, nisi in crastino duarum sedium.

Preterea de mulieribus, quia in detrimentum videntur esse Confrarie statutum est et salubriter provisum, quod nulla amodo recipiatur, nisi regina fuerit vel talis que non possit sine scandalo recusari.

Preterea statutum est ut nullus introeat ad convivium confratrum, nisi confrater sit, vel ex permissu abbatis, vel prepositi; et

---

1. Le texte du Règlement de février 1221 forme la première charte du cartulaire des Archives nationales et a été publié par Leroux de Lincy, *Recherches*, etc., p. 47-48. Il a semblé inutile de le reproduire ici et l'on s'est contenté d'indiquer en notes les quelques variantes et additions du Règlement de 1225, dont le texte suit.

2. Règlement de 1221 : *institutum*.

ut abbas et prepositus ibi custodes provideant, qui fragmenta colligant ne pereant, ut habemus in Euvangelio[1], ut ea cum magna diligentia observentur, que debent in manus pauperum devenire. Preterea statutum est ne abbas vel prepositus de rebus Confrarie presumant[2] disponere, nisi tribus vel duobus confratribus convocatis, ut, sicut a Domino dictum est, duorum vel trium testimonium habeatur[3]; si autem arduum fuerit negocium, quia[4] majus majoribus reservetur.

Preterea, statutum est ut abbas lectori precipiat ut hoc scriptum in singulis sedibus in medio discumbentium recitetur, ut majori memorie commendetur. Preterea, quia longum esset omnia per singula enarrare, illa que in libro Confrarie, qui vocatur *Cha[r]teriolum*, scripta sunt districte statutum est observari.

Preterea statutum est ut, quando aliquis de confratribus defunctus fuerit, quod abbas vel prepositus clerico Confrarie precipiat ut campanam deferat pro defuncto, cui latori de bursa Confrarie xij. denarii paris. largientur[5].

Statutum est insuper, ut nullus sacerdos vel laicus illud officium, quod ad panem, vel vinum, vel coquinam, vel legere, vel ad observandum ostium refutare audeat, nisi absens fuerit, vel nisi casu inoppinato vel inevitabili sit detentus. Preterea adjectum est ut, si sacerdos vel laicus panem dare pauperibus, vel in mensa servire alios recusaverit, vel aliud honestum officium, quod ad fratres pertinet facere neglexerit, si sacerdos sit, illud quod primo distribuetur, si presens sit inter alios non recipiet, si autem laicus fuerit libram cere persolvere non postponat.

Si quis autem contra hoc statutum venire presumpserit, quia facto proprio ausus est obviare, postquam correptus fuerit[6], pro non confratre de cetero habeatur. Ut autem hiis constitutionibus major exhibeatur observantia, de assensu et voluntate omnium confratrum eis sigillum Confrarie est adjunctum. Actum anno Domini M° CC° XX° IIII^{to}, mense januario.

---

1. *Jean*, VI, 12.
2. Règlement de 1221 : *presumat.*
3. *Matthieu*, XVIII, 16.
4. Règlement de 1221 : *quod.*
5. L'article qui suit : *Statutum est insuper… non posponat,* ne figure pas dans le Règlement de 1221.
6. Le Règlement de 1221 ne porte pas ces trois derniers mots.

2.

Règlement de 1266.

Nous fesons asavoir que l'en de l'incarnacion M. CC. LX. et VI., le lundi lendemain des otieves Nostre Dame mi aoust, devant l'autel de la Magdalene, fu establi et ordené, du consentement et de la volenté des confreres prestres et lays, que pour ce que li nombres des confreres lays estoit creuz de xxviij. confreres, sanz les fames, plus que li nombres des confreres prestres, que li nombres des lays fust restrainz jusque a l., autresi comme le nombre des provoires, si que chascuns confreres prestres soit tenus en droit soi en suffrages, en ouroisons, en choses espirituex a son lay confrere. Et s'il avient chose que par force de priere aucuns confreres lays soit retenuz, avant que li nombres soit ramenez dusque a l., il fu establi et ordené qu'il paieroit c. sols de tournois d'entrée, par tele condition que il serroit au siege de la Confrarie avec les autres et que la Confrarie li feroit son obseque, se il moroit avant que li nombres fust ramenez dusqu'a l.; mais li confreres provoires ne seroient pas tenuz a faire xiiij. plenniers services des morz pour li, ausint comme il sunt tenuz pour les anciens confreres lays, qui avant furent receu. Aprez il fu illuec otroié et promis que nulz des confreres, ne prestres ne lays, ne prieroit pour recevoir autrui devant que li nombres des lays soit ramenez a l. Ce fu fait de l'asentement de touz.

3.

Règlement de 1273.

L'en de grace Nostre Seignour M. CC. et LX. et XIII., le lundi devant la feste saint Bertemil, fu establi en l'eglyse de la Magdalene de Paris, devant le grant autel, dou commun ostroi et de la volenté de tous les confreres de la grant Confrarie Nostre Dame des prestres et des bourgois, mon seignour Guillaume, beneficié en l'eglyse Saint Germain l'Aucerrois de Paris, adonc abbé de ladite Confrarie, mon seignour Michel, beneficié en l'eglyse Saint Merri de Paris, adonc greffier, Pierre Tiboust, adonc prevost d'icelle Confrarie, et Raoul de Monfermail, espicier, adonc

dien et li abbés d'icelle Confrarie, quiconques soit, et li greffier
d'icelle Confrarie quiconques soit, et li prevost d'icelle Confrarie
quiconques soit, et li diens d'icelle Confrarie quiconques soit,
chascuns d'ices quatres menistres desus diz doit avoir et prendre
le jour du siege j. grant pain blanc, et j. grant eschaudé, et j. setier
de vin, et une grant pieche de char de buef, et une longe de porc
et ij. gelines; et doit estre li liteur prestre ou jour dou siege et i
doit avoir vj. aumoniers, c'est asavoir iij. prestres et iij. bourgois,
et seront li lituer et li aumonier desus diz pareilg au iiij. menistres
devant diz ou jour du siege en toutez les devant dites choses.

Derechief i fu establi que li iiij. menistres devandiz quiconques
soient doivent penre chascun v. sols pour le siege qui soloit seoir
a la Tiephaine, et par desus li greffier quiconques soit doit avoir
vj. sols par le reson de son greffe, et autretant doivent il prendre
ou siege de la mi aoust.

Derechief i fu establi que li prevos quiconques soit d'icelle Confrarie doit avoir touz les viez merriens et toutes les choses viez
des mesons et des autres choses de la Confrarie, qui ne porront
tourner au pourfit d'icelle Confrarie et fere en sa volenté comme
de la seue chose, et doit avoir les remananz des escueles, des pos,
des voirres du siege d'icelle Confrarie.

Derechief i fu establi que il i aura viij. serviteurs, c'est asavoir
iiij. prestres, iiij. bourgois, j. prestre et un bourgois a la porte
garder, j. prestre et j. bourgois a la cuisine garder, j. prestre et
j. bourgois au pain garder, j. prestre et j. bourgois au vin garder,
et doivent servir au mengier et doivent avoir ou jour du siege
chascun d'icex j. petit pain blanc et j. un petit eschaudé, et demi
setier de vin et une piece de char de buef semblable au pieces dont
on servira au mengier.

Derechief i fu establi que li confreres prestres et bourgois qui
feront les presens en la vile, la ou il seront envoié ou jour dou
siege, doivent avoir demi setier de vin chascun tant seulement.

Derechief i fu establi que li prestre serviront es messes des
enniverseres de la Confrarie et es messes de Nostre Dame et du
Saint Esperit, c'est asavoir les ij. qui tenront cuer, et cil qui lira
l'Espitre, et cil qui lira l'Euvangile, et cil qui chanteront : *Sicut
cervus*, et cil qui chanteront l'Aleluye, et cil qui portera la crois,
chascuns d'icex doivent avoir j. denier plus que li autres
prestres.

Derechief i fu establi que li confreres prestres qui convoient le cors de leu confrere mort de son ostel dusque á l'eglyse ou sa messe sera chantée et dusque au leu de sa sepulture, chascuns d'icex doit avoir ij. deniers avec les ij. deniers qu'il doit avoir de l'enterrement.

Derechief il est asavoir que ladite Confrarie a acoustumé à donner pour le siege de la Tiphainne, qui souloit seoir à la Magdalene de Saint Ladre de Paris, iiij. escueles plennieres, c'est asavoir pour chascune escuele iiij. grans pains blancs et iiij. biz, et j. grant eschaudé, et demi setier de vin, et demi quartier de porc, et une geline et iiij. andoulgles[1].

Derechief auz malades de la maladerie de Fontenoy iij. escueles plennieres, c'est asavoir pour chascune escuele iiij. grans pains blans et iiij. biz, et j. grand eschaudé, et demi setier de vin, et demi quartier de porc, et une geline et iiij. andoulgles.

Derechief au malades de la banliue de Paris pour une escuele plenniere iiij. grans pains blans et iiij. biz, et j. grant eschaudé, et demi setier de vin, et demi quartier de porc, et une geline et iiij. andoulgles.

Derechief a la meson de la Saussoie outre Saint Marcel iiij. escueles plennieres, c'est asavoir pour chascune escuele iiij. grans pains blans et iiij. biz, et j. grant eschaudé, et demi setier de vin, et demi quartier de porc, et une geline, et iiij. andoulgles; encore par desus a cex de la Saussoie une geline, et viij. andoulgles et demi setier de vin.

Et a la Confrarie acoustumé au dites maladeries autretant et d'autel le jour du siege de la mi aoust. Ce fu fet l'en et le jour desus diz.

4.

Règlement de 1275.

L'en de grace Nostre Seignour M. CC. LX. et XV., le lundi aprez la mi aoust, fu establi en l'eglyse de la Magdalene, du commun ostroi et de la volenté de touz les confreres de la grant Con-

---

1. Cf. fol. vjxxix, en tête du censier de la Confrérie : « Preter predicta, ex constitutione confratrum nostrorum, singulis sedibus e beneficio nostre Confrarie, habet ecclesia Sancti Lazari quatuor scutellas plenarias de singulis ferculis. »

2

frarie Nostre Dame des prestres et des bourgois, mesire Robert,
curé de l'eglyse Saint Benoit, adonc abbé de la Confrarie, mesire
Michel, beneficié en l'eglyse Saint Merri, greffier de la Confrarie,
Denise le Cofrier, adonc prevost de la Confrarie, Raoul de Monfermail, adonc dien de la Confrarie, que nul prestre, ne clerc, ne
soit receu a confrere pour lay, ne en leu de lay, et que nus confreres ne soit receus fors lendemain du siege en plain chapitre.
Derechief i fu establi que les dames qui sont sereurs de la Confrarie auront ou jour du siege chascune j. grant eschaudé et demi
setier de vin. Et cest establissement voudrent li confrere qui fust
tenuz et gardez, et voudre qui fust seellé du seel de la Confrarie.
Ce fu fait l'en et le jour desus diz.

5.

Règlement de 1276.

L'en de grace Nostre Seignour M. CC. LX. et XVI., lendemain
de la mi aoust, fu establi en l'eglyse de la Magdalene, du commun ostroi et de la volenté de touz les confreres de la grant Confrarie Nostre Dame des prestres et des bourgois, mesire Robert,
beneficié en l'eglyse Saint Benoit, adonc abbé de la Confrarie,
mesire Michel, beneficié en l'eglyse Saint Merri, greffier de la
Confrarie, Denise le Cofrier, adonc prevost de la Confrarie,
Raoul de Montfermail, adonc dien de la Confrarie, quiconques
soit prevos, qu'il aport les parties de ses receptes et des despens le
secont jour du siege en plain chapitre, et encore que il aport la
bource en deniers contans de la remenance que il devra. Et fu establi que li abbes et li prevos xv. jours avant siege esliront vj. confreres : iij. prestres et iij. bourgois, c'est asavoir j. prestre et
j. bourgois, qui seront panetier ; j. prestre et j. bourgois, qui
seront vinetier ; j. prestre et j. bourgois, qui seront cuisinier, et
pourchaceront li panetier le pain et enserviront, et li vinetier
pourchaceront le vin et enserviront, et li cuisinier pourchaceront
la cuisine et enserviront, et rendera chascuns conte au prevost de
ce qu'il auront fet, et li prevos raportera le conte lendemain du
siege en plain chapitre. Et fu establi que nus prestres, ne nus
bourgois n'amaint clerc ne serjant, fors seulement l'abbé, le greffier, le prevost, le dien, le vinetier, le panetier, le cuisinier et les
portiers, et en i aura chas[cun] j. sanz plus. Et fu establi que li

prestre qui venront au messez ne seront paié des [dis]tributions
devant aprez ce qu'en aura chanté *Agnus Dei*. Ceste lettre fu feite
le jour devant dist.

III.

Obituaire de la Grande Confrérie Notre-Dame.

Januarius.

[2] iiii. nonas. Hic debet fieri de beata Virgine missa pro Nicho-
lao de Sancto Benedicto, draperio, et in crastino de Defunctis pro
Boulgence uxore sua, qui dederunt nobis sacerdotibus confratribus existentibus in predictis missis viginti solidos paris., pro
qualibet missa decem solidos, quos reddet Confratria. Quo Nicho-
lao su[b]lato de medio, fiet pro ambobus conjugibus tantummodo una missa de Defunctis cum alii[s] pertinentibus, predictis sacerdotibus equaliter in missa et vigiliis predictas peccunia-
rias summas[1].

[3] iii. nonas. Obiit dominus Andreas Vivien, qui legavit Confratrie xviij. francos ad emendum redditus pro anniversario
faciendo, pro quo sacerdotes habent x. solidos.

[4] ii. nonas. Obiit domina Dionisia la Barbete, que dedit Confratrie quadraginta solidos redditus, de quibus debent distribui
sacerdotibus xx^ti solidos et residuum pro elemosina dicte Confratrie.

[7] vii. idus. Obiit Johanna, uxor Stephani Haudrici, qui dedit
xl. s. par. annui census pro suo anniversario faciendo, quos reddet Confratria in modum qui sequitur, videlicet in vigilliis x. s.
et in missa x. s. sacerdotibus dicte Confratrie presentibus, modo
consueto, distribuendos; decem solidos pro elemosina dicte Confratrie et decem solidos pauperibus mulieribus commorantibus in
hospitali, quod fundaverunt[2] in Gravia, Parisius, dicti conjuges,
pro luminari faciendo; et fiet dictum anniversarium in capella
conjuncta hospitali predicto, quod fundaverunt predicti conjuges.

*[10] iiii. idus. Obiit[3] Evrardus presbyter, qui dedit nobis

---

1. Article biffé et reproduit en partie au 10 février.
2. En 1306. — En marge : « Prope Sanctum Dyonisium de Carcere,
iiij. libras. »
3. En 1240.

decem solidos annui redditus super quadam domo, sita ante domum Marmosetorum, pro anniversario suo annuatim faciendo, quos reddit Confratria[1].

*[14] xix. kalendas. Anniversarium Guillelmi Pongentis asinum veteris, qui dedit nobis viginti solidos annui redditus, quos reddit Confratria, videlicet in vigiliis x. s. et in missa x. s.[2], in ecclesia Sancti Heustachii, quam ecclesiam dictus Guillelmus fecit edificari.

[16] xvii. kal. Anno domini M° CCC° nonagesimo tertio, mensis januarii die xvj., dominus Johannes de Pinu, presbyter curatus parrochialis ecclesie Sancti Benedicti Beneversi, Parisius, dedit Confratrie beate Marie virginis xl. solidos paris. census seu annui redditus, percipiendos anno quolibet in et super iiij^{or} libris census seu redditus, quos annuatim habet et percipit in quadam domo sita Parisius, in vico J. Comitis, in parrochia Sancti Jacobi de Carnificeria, tenente ab uno latere domui intersignii Scuti Britanie et ab alio domui Petri Chopine; de quibus xl. solidis paris. ordinavit xvj. solidos converti in elemosina dicte Confrarie, et xxiiij^{or} pro una missa celebranda quamdiu vixerit de beata Maria virgine, et post ejus obitum una cum vigiliis celebranda pro Defunctis in ecclesia Sancti Jacobi predicta perpetuo, ad altare beati Mauri abbatis.

Anno M° CCC° LXXVIII°, xvi^a die januarii, Simon de Sancto Benedicto, burgensis et scabinus Parisiensis, dedit Confratrie beate Marie burgensibus quinquaginta solidos paris. annui census, habendos et percipiendos quolibet anno in et super quadam domo sita Parisius, in vico Harpe, que est Guillelmi Fieffe, ad Barbam auream, contigua ex una parte domui Petri Hochecorne, ad Florem lilii, et ex altera parte domui Baudeti Mareschali, ad Salmonem, abotissans domui Symonis Christophori, in censiva Colloquii burgensium Parisiensium, videlicet quamdiu vixerit, ipse habebit, seu fiet pro ipso missa de Sancto Spiritu in ecclesia Sancte Crucis in Civitate, et post ejus decessum fient vigilie et missa de Requiem, et die sequenti fient vigillie et missa de Deffunctis pro Maria, quondam uxore ipsius Symonis, in eadem ecclesia. Et pro

---

1. L'astérisque, ici et dans la suite, désigne les articles de la rédaction primitive du présent obituaire, tels ou à peu près qu'on les retrouve dans le premier obituaire des Archives nationales (LL 435).

2. Les mots suivants ont été ajoutés postérieurement.

quolibet officio sacerdotes habebunt vinginti solidos paris. et elemosina dicte Confratrie x. solidos paris.

[20] xiii. kal. Obiit Simon d'Espernon, qui legavit Confratrie
vinginti solido[s] paris. annui redditus, etc., de quibus sacerdotes habent in missa x. solidos paris. et residuum pro elemosina.

*[22] xi. kal. Anniversarium domini Renardi de Magdalena,
qui dedit nobis x. solidos annui redditus, quos reddit Confratria,
de quibus distribue[n]tur cuilibet sacerdoti iij. denarii in missa.

[23] x. kal. Obitus domini Guillermi Anglici, presbiteri, quondam abbatis Confratrie, anno Domini M°. CCC^mo nonagesimo
septimo; et dederunt executores ipsius xl. solidos paris., situatos
super domo Dyonisii Bouverii, lathomi, in vico Sancti Hilarii,
ad signum Scuti Francie, de quibus xl. solidis distribuuntur
sacerdotibus pro anniversario suo faciendo quolibet anno in vigiliis et missa xxx^ta solidi per ordinationem ipsorum; residuum
vero pro elemosina, et habemus litteras.

*[27] vi. kal. Anniversarium domini Henrici dicti le Thyais,
canonici quondam capelle episcopi Parisiensis, qui dedit Confratrie xx. solidos annui redditus super quadam domo ultra Parvum pontem, de quibus habent sacerdotes x. solidos.

FEBRUARIUS.

[1] Kalend. Obiit[1] dominus Petrus Roberti, quondam decanus
ecclesie Sancti Germani Antissiodorensis, Parisius, qui legavit
Confratrie xx. solidos paris. super domo quam obtinet Hannequinus Hannequart, pelliparius, in vico Cithare, in censiva domini
nostri Regis, et est dicta domus contigua ex uno latere hospicii
ad intersignum du Berseul, et ex alio latere Nicolao Pagant. Et
habent sacerdotes pro missa x. solidos; residuum pro elemosina.

*[3] iii. nonas. Anniversarium Johanne dicte la Hermande, pro
qua habent singuli sacerdotes iij. denarios, quos reddit Confratria.

[4] ii. nonas. Anniversarium deffuncti magistri G. Michaelis,
qui obiit ultima die januarii anno M°CCC°LII°, et dedit Confratrie xx. solidos paris. annui redditus super quadam domo sita
in vico Citare, videlicet x. solidos paris. pro elemosina et x. solidos distribuendos presbiteris celebrantibus ejus anniversarium.

[6] viii. idus. Anniversarium magistri Petri Clerici, qui lega-

____
1. En 1397.

vit nobis pro vigilliis et missa celebrandis xl. francos auri, solutos per executores suos, pro quibus reddit Confratria, pro anniversario suo annuatim celebrando, sacerdotibus[1] xx. solidos.

[7] vii. idus. Missa de Sancto Spiritu pro domino Johanne Lupi, succentore Ecclesie Parisiensis, quamdiu vixerit[2], et post ejus decessum fient vigilie et missa de Deffunctis; qui dedit Confratrie lxiiij. solidos redditus, sitos super domo R. de Sort en boc, in Charroneria, lv. solidos, et ix. solidos super quadam domo sita in vico Sancti Martini, ab opposito finitus Maubue; de quibus habebunt hic sacerdotes xx. solidos, et in alia missa, mense octobre, xx. solidos; residuum est pro elemosina.

Obiit domina Agnes, dicta la Pisdoe, que legavit Confratrie quadraginta solidos paris. redditus, de quibus debent distribui sacerdotibus in vigiliis et missa xx[ti] solidi; residuum vero pro elemosina. Et fiet anniversarium in ecclesia Sancti Jacobi de Carnificeria.

[10] iiii. idus. Anniversarium Nicholai de Sancto Benedicto et Bulgencie uxoris sue, qui dederunt nobis confratribus existantibus in vigiliis x. solidos et in missa x. solidos annui redditus pro anniversario annuatim faciendo, quos reddit Confratria.

* [11] iii. idus. Anniversarium Maucion[3], qui dedit nobis x. solidos annui redditus, quos reddit Confratria.

[12] ii. idus. Anniversarium magistri Petri de Sarcellis, qui dedit nobis xv. solidos annui redditus, quos reddit Confratria.

[13] Idus. Obitus solemnis prudentis et honesti viri magistri Jacobi Fournier, consiliarii domini nostri Regis in sua curia Parlamenti, qui dedit Confratrie sexaginta scuta auri, valentia xxv. solidos et octo denarios paris., ad emendum redditus, et fiet in ecclesia fratrum Minorum, in sua capella.

[16] xiiii. kalendas Anniversarium magistri Bertrandi de Clauso, canonici Parisiensis, qui legavit Confratrie l. francos auri pro anniversario suo annuatim fiendo; pro quibus Confratria reddit sacerdotibus pro vigilliis x. solidos et pro missa x. solidos.

[20] x. kal. Anniversarium deffuncti domini Guillelmi de Lorriz, qui legavit Confratrie redditus de quibus habent sacerdotes in vigiliis et missa xxx. solidos; et pro uno alio anniversario fiendo in mense octobris xxx. solidos. Hic pro isto xxx. solidi.

---

1. Le ms. porte : « sacerdotali. »
2. Vers 1376. — En marge : « xlv s. perdus. Nichil. »
3. Ms. des Arch. nat., *Malcion.*

[21] ix. kal. Obiit dominus Ricardus, quondam curatus Sancti Pauli Parisiensis, qui legavit magne Confratrie beate Marie xx. solidos super domo Michelle dicto le Blanc; x. solidos pro missa et x. solidos pro elemosina.

[22] viii. kal. Obiit magister Jacobus d'Andrye, presidens Parlamenti[1], qui dedit magne Confratrie beate Marie xlvij. solidos et iij. denarios paris. super domo magistri Vincencii Drouart, in vico aus Commenderresses, de quibus habent sacerdotes x. solidos in vigiliis et x. solidos in missa, residuum dicte Confratrie; et debet fieri anniversarium in ecclesia Sancte Crucis in Civitate.

[23] vii. kal. Hic obiit Galterus de Chavilla, qui dedit nobis sexdecim libras turonen.; et debent distribui cuilibet sacerdoti tres denarii, quos reddit Confratria.

*[27] iii. kal. Anniversarium Stephani Lemovicensis, qui dedit nobis xij. solidos annui redditus incrementi census, sitos in terra Confratrie, de quibus quilibet sacerdos qui misse intererit iij. denarios, residuum vero erit Confratrie. Et promiserunt fratres facere anniversarium Johanne uxoris sue, post decessum dicte uxoris, cum anniversario predicti Stephani.

[28] ii. kal. Anniversarium Marie, quondam uxoris Stephani Haudry, que dedit nobis xl. solidos, de quibus habent sacerdotes x. solidos in vigiliis et x. solidos in missa; residuum vero Confratrie.

Ultima die hujus mensis, fit de Sancto Spiritu pro domino Petro de Passiaco, quondam decano Parisiensi, missa, fundata anno Domini $M^o CCC^{mo}$, pro qua habent sacerdotes presentes xviij. solidos.

MARCIUS.

*[1] Kalend. Prima die martis marcii, anniversarium magistri Jacobi Apothecarii, patris, et matris et uxoris ipsius, qui dedit Confratrie xlvj. solidos annui reditus super quandam granchiam et jardinum, situm ultra portam Sancti Dyonisii, de quibus habebit quilibet sacerdos in vigiliis iij. denarios et in missa iij. denarios.

[2] vi. nonas. Anniversarium deffuncti magistri Philippi Ogerii, quondam consiliarii Regis in Camera compotorum suorum, Parisius, qui legavit c. solidos paris. annui redditus, situatos

---

1. Il était président du Parlement en 1366.

videlicet iiij^{or} libras paris. super domum Petri Michaelis, sitam in vico Mortallerie, et xx. solidos super domum..., de quibus sacerdotes habent pro vigiliis et missa l. solidos, et debet fieri anno quolibet die ista, in ecclesia Sancti Eustachii; residuum vero Confratrie.

Obiit Symon Marcelli, draperius, qui dedit nobis quadraginta solidos paris. annui redditus, de quibus distribuuntur sacerdotibus in vigiliis x. solidos et in missa x. solidos; residuum pro elemosina Confratrie.

*[4] iiii. nonas. Ad Sanctum Innocentum, anniversarium Florie Bigue, que dedit nobis[1] triginta solidos; de redditu quilibet sacerdos habebit in vigiliis iij. denarios, et in missa iij. denarios; et tenetur Confratria facere luminare ad valorem ij. solidorum. Curatus vero habere debet in vigiliis vj. denarios et in missa vj. denarios et non plus, sit confrater vel non; clericis vero iij. denarios in vigiliis et iij. denarios in missa pro campanis pulsandis.

[5] iii. nonas. Anniversarium reverendi patris domini Johannis Tabari, episcopi quondam Morinensis, pro quo tenetur Confratria distribuere sacerdotibus in vigiliis et missa xxx. solidos.

[7] Nonas. Obiit dominus Johannes de Columbis, canonicus Parisiensis, et pro anniversario suo annuatim, pro sacerdote confratri, celebrando executores sui dederunt xx. solidos paris. annui et perpetui redditus, situatos super domum ad intersignum Urcy et Leonis, in Civitate, Parisius, de quibus sacerdotes habebunt x. solidos in missa et residuum elemosine Confratrie; unde super hoc littere sub sigillo Castelleti sunt confecte.

*[9] vii. idus. Anniversarium Johannis, presbiteri Sancti Michaelis, qui dedit nobis x. solidos annui redditus, quos reddit Confratria.

[11] v. idus. Hic obiit dominus Guillelmus Brito de Carvello, qui dedit nobis decem solidos pro suo anniversario faciendo, quos reddit Confratria; et debet fieri in ecclesia Sancti Jacobi in Carnificeria.

*[13] iii. idus. Anniversarium Odonis de Sancto Germano, presbiter[i], qui dedit nobis x. solidos annui redditus, quos reddit Confratria.

[14] ii. idus. Hic obiit dominus Johannes de Cauda, persona

---

1. En 1257.

Sancti Boniti, qui dedit nobis vinginti solidos annui redditus pro
anniversario suo annuatim faciendo; medietatem sacerdotibus et
aliam medietatem pro elemosinis, et debet fieri anniversarium in
ecclesia Sancti Boniti.

[15] Idus. Obitus regis Karoli quinti, pro quo tenetur Confratria solvere sacerdotibus Confratrie pro vigiliis et missa lx. solidos
paris. [1].

Dominus rex Karolus quintus, qui legavit pro duobus anni-
versariis faciendis quolibet anno iij° francos auri ad emendos redditus.

[16] xvii. kalendas. Obiit Stephanus Maupas, qui dedit nobis
xx. solidos redditus, de quibus presbiteri percipient in missa
x. solidos et elemosina x. solidos, anno M° CCC° XLI°.

*[17] xvi. kal. Anniversarium Guidonis Britonis, presbi-
teri, pro quo debet habere quilibet sacerdos iij. denarios in vigiliis et iij. denarios in missa apud Sanctum Innocentum. Et debet
prepositus facere luminare ad valorem ij. solidorum; residuum
vero pertinet ad curatum. Curatus vero habebit vj. denarios in
sero et vj. denarios in missa, sit confrater vel non; capellanus
vero habebit iij. denarios in sero et iij. in missa; matricularius
vero totidem pro campanis pulsandis.

[18] xv. kal. Missa de beata Virgine fit in ecclesia Sancte
Crucis, in Civitate, pro domicella Johanna Duselier, uxore quondam magistri Jacobi d'Andrie, presidentis in Parlamento, qui
supra in xxij[a] die februarii annotatur. Et post hujus domicelle
obitum fiet de Defunctis cum vigiliis; ob hoc dedit xl. solidos,
videlicet presbiteris xx. et pro elemosina Confratrie xx. solidos,
supra domum sitam in Woerriam que facit cunum vici Jehen-
cian. Habemus litteras in mense octobris anno M° CCC° nonagesimo factas.

[21] xii. kal. Obiit Petronilla, uxor quondam Stephani
Barbete, pro qua habemus x. solidos paris. distribuendos in
missa, quos reddet Confratria.

[24] ix. kal. Anniversarium Guillelmi de Sancto Germano,
quondam advocati Regis in Parlamento, et Dyonisie ejus uxoris, qui dederunt xl. solidos redditus super quamdam domum
sitam in vico Sancti Dyonisii, prope vicum dictum la Heaumerie,

---

1. Cet obit a remplacé celui de « Michael de Darenciaco », qui a été
gratté et est inscrit plus loin, au 25 mars.

distribuendos sacerdotibus, in vigiliis x. solidos et in missa x. solidos; residuum elemosine Confratrie.

[25] viii. kal. Obiit dominus Michael de Arenciaco, qui dedit xx. solidos redditus perpetui, pro quo distribu[u]ntur sacerdotibus x. solidos pro anniversario ejus; residuum Confratrie.

[26] vii. kal. Anniversarium domini Henrici, quondam rec‑ toris Sancti Judoci, qui dedit Confratrie xxv. solidos annui census, de quibus habent sacerdotes xij. solidos; residuum est Confratrie [1].

[28] v. kal. Anniversarium domini Roberti Brissonis, quondam canonici Palatii regis, pro quo tenetur Confratria distribuere sacerdotibus presentibus in vigiliis et missa xxiiij. solidos paris.

Obitus reverendissimi in Christo patris domini Ludovici Raguier, episcopi Trecensis, parentum et amicorum suorum, qui dedit Confratrie sexaginta scuta auri ad emendum redditus, et fiet in ecclesia Alborum Mantellorum in sua capella.

*[29] iiii. kal. Anniversarium domini Johannis de Sancto Andrea, cum anniversario domini Daniellis de Sancto Germano, presbiteri, pro quibus quilibet sacerdos habebit in missa iij. denarios.

*Feria sexta ante Ramos palmarum debet fieri anniversarium Stephani Bursarii et ejus uxoris, in quo singuli sacerdotes debent habere tres denarios.

In octabis Annunciacionis beate Marie virginis in vigilliis et missa habent sacerdotes presentes in Domo Dei Parisiensi, pro anniversario domini Petri de Bellav[i]lla, xxiiij. solidos, et pro capicerio Domus, ij. solidos.

APRILIS.

[1] Kalend. Missa beate virginis Marie pro Radulpho d'Ocans [2] et Nicolae ejus uxore, celebranda in ecclesia Sancti Marcialis, quamdiu vixerint, et post alterius decessum fient vigilie et missa de Deffunctis. Qui dederunt domum sitam in vico Huchete, ad signum Pavonis, in terra Confratrie. Pro qua missa distribuuntur presbiteris xxx[a] solidi de bonis Confratrie.

---

1. Cet article, avec quelques variantes, est de première main dans le ms. des Archives nationales.

2. « De Ursicampo » dans le second obituaire des Archives nationales.

*[5] Nonas. Anniversarium domini Petri, presbiteri Sancti Nicholai, qui dedit nobis x. solidos annui redditus, quos reddit Confratria[1].

[7] vii. idus. Anniversarium Andree Sauce, pro quo habemus xx. solidos perpetui redditus super domo quondam Thome Pigache; de quibus habent sacerdotes pro missa x. solidos et residuum Confratrie.

[8] vi. idus. Anniversarium Berthaudi de Landis, fundatum anno Domini M° CCC^mo X^mo, pro quo habent sacerdotes pro una missa presentes decem solidos.

[9] v. idus. Anniversarium domini Hemerici de Magnaco, quondam episcopi Parisiensis, postmodum cardinalis, qui dedit lx. solidos redditus annuatim percipiendos in et super proventibus et emolumentis portus de Confluenti Sancte Honorine, videlicet Confratrie et sacerdotibus pro vigiliis et missa xxx. solidos; residuum vero elemosine Confratrie.

[11] iii. idus. Hic obiit magister Johannes de Valibus, quondam rector ecclesie Sancti Eustachii Parisiensis, qui dedit nobis tringinta solidos paris. annui redditus pro anniversario suo annuatim faciendo, videlicet sacerdotibus qui in vigilliis intererunt decem solidos et crastina die totidem in missa, et residuum Confratrie; et debet fieri in ecclesia Sancti Eustachii.

[13] Idus. Hac die obiit Johannes Cerarii, decanus hujus Confratrie, qui legavit Confratrie xlv. solidos redditus percipiendos annuatim super domo Johannis de Pinu, in Tanneria, Parisius, videlicet xv. solidos ad usum Confratrie et residuum sacerdotibus hujus Confratrie pro tribus missis celebrandis in hunc modum, tam pro ipso quam Jaquelina, nunc vivente, quondam ejus uxore prima, scilicet apud Sanctum Gervasium; et habebunt dicti sacerdotes x. solidos, cui celebranti misse apud Sanctum Gervasium additi sunt v. solidi, scilicet communes inter dictos conjuges percipiendi, etc., et sic habebit sacerdos xv. solidos.

[14] xviii. kalendas. Obiit dominus Euenus Brito, qui dedit breviarium.

[15] xvii. kal. Obiit dominus Johannes Morini, presbiter, hujus Confratrie frater, qui legavit super quamdam domum sitam in vico Sancti Martini, ad intersignum de l'Escrevice, facientem cuneam vicy Plastrerie, pro anniversario suo annua-

---

1. Rédaction plus étendue dans le ms. des Archives nationales.

tim celebrando, xxv. solidos; item dedit pro xv. solid. paris.
redditum emendo xv. francos auri. Sic est summa xl. solid. redditus, videlicet sacerdotibus pro vigiliis xij. solidi vj. denarii et
in missa totidem; residuum vero elemosine Confratrie.

[16] xvi. kal. Obitus venerabilis viri magistri Johannis de
Cruysy, qui dedit Confratrie domum suam sitam Parisius, in
vico Sancti Christophori in Civitate.

[17] xv. kal. Obiit Agnes, uxor defuncti Symonis de Sancto
Benedicto, pro cujus anniversario annuatim faciendo debent
habere sacerdotes x. solidos in missa, quos reddit Confratria.

*[18] xiiii. kal. Anniversarium Petri Coquillier, qui dedit
nobis x. solidos paris., quos reddit Confratria.

[19] xiii. kal. Obiit anno [Mº CCCº] XLIXº dominus Guillelmus de Garchiis, quondam curatus ecclesie Sancte Genovefe
parve, Parisius, qui dedit Confratrie xliiijᵒʳ solidos paris. redditus in terra domini Regis et xvj. libras in pecunia. Fiant vigilie
in ecclesia Sancti Nicolai de Campis et solvet Confratria cuilibet
sacerdoti presenti iiijᵒʳ denarios, et missa in qua viij. denarios
cuilibet; item ij. solidos pro punctis; item pro pulsacione in
vigiliis iiij. denarios et in missa vj. denarios.

Hic debet fieri missa de beata Virgine pro Johanne Marcelli et
in crastina die missa de Requiem pro defuncta Maria uxore sua,
videlicet pro qualibet missa x. solidos, quos reddit Confratria. —
Require iiijᵗᵒ idus julii[1].

[20] xii. kal. Johannes Chapelu [dedit] xl. solidos, pro quo fit
anniversarium in ecclesia Innocentum; in vigiliis et missa sacerdotes presentes habent xx. solidos.

[21] xi. kal. Hic obiit dominus Galeranus Brito, presbiter de
domo Cecorum, Parisius, qui dedit nobis xxx. solidos paris. annui
redditus pro anniversario suo annuatim faciendo, videlicet sacerdotibus qui in vigiliis intererunt tres denarios et crastina die in
missa tres denarios; residuum erit Confratrie.

[23] kal. Anno Domini Mº CCCº XLIXº, obiit Maria la Gosquine, relicta quondam Stephani Baudry, pro qua tenemur celebrare duas missas successive, unam videlicet de beata Maria, in
qua dicetur oratio : « Quesumus, Domine, pro tua pietate, » et
aliam de Requiem; et in qualibet missa debent distribui x. solidi

---

1. Article plus détaillé et inscrit au xiiij des kalendes (18 mai) dans le ms.
des Archives nationales.

nec non et cappellano altaris Sancti Dyonisii, per eamdem Mariam fundatum in ecclesia Parisiensi, xij. denarii, et cuilibet dictorum cappellanorum per dictum Stephanum et deffunctam Johannam, ejus uxorem, beneficiatorum in cappella Sancti Stephani in Gravia, tum in habitu ecclesiastico existantium, vj. denarii, ac gubernatori dicte domus, pro pitancia mulieribus ipsius domus, v. solidi; ita tamen quod teneantur pulsare campanas dicte cappelle a principio misse usque ad Epistolam.

[26] vi. kal. Obiit dominus Stephanus Quadrigarii, presbiter cappellanus Ecclesie Parisiensis, qui dedit Confratrie xlv. solidos paris. supra domum Johannis le Marchent, facientem cuneum vici de Bysevre ad partem Parvi pontis; videlicet sacerdotibus, pro vigiliis et missa xxv. solidos, residuum vero elemosine Confratrie[1].

[27] v. kal. Obiit Johanna la Marcelle, de Pelliparia, que dedit nobis xl. solidos redditus, de quibus debent distribui presbiteris x. solidi in vigiliis et in missa x. solidi; residuum Confratrie pro elemosina.

[29] iii. kal. Hic debet fieri anniversarium domini Almerici de Charmoia, qui dedit nobis xx. solidos redditus, de quibus distribuuntur, pro una missa, sacerdotibus x. solidi et residuum Confratrie pro elemosina[2].

Maius.

[2] vi. nonas. Hic debet fieri missa de beata Maria pro magistro Joanne Richart, capellano sacre Capelle Palatii, quamdiu vixerit, et post decessum ipsius fiet missa de Deffunctis ob remedium anime ipsius cum vigiliis ix. lectionum.

[5] iii. nonas. Obiit dominus Philippus Byon, qui dedit Confratrie xl^a solidos paris. perpetui redditus, de quibus distribuentur viginti solidi pro duabus missis successive celebrandis, prima videlicet de beata Maria virgine et secunda de Deffunctis, pro ipso domino Philippo; alii autem viginti solidi ad utilitatem dicte Confratrie remanebunt.

[6] ii. nonas. Obiit dominus Milo Guerin, presbiter cappellanus in ecclesia Sancti Benedicti, confrater dicte Confratrie, qui

---

1. Le ms. des Archives nationales donne à cette date l'obit de Guillaume de Chaville, inscrit au 13 août dans le présent ms.

2. Article biffé, et en marge : « Vacat quia nichil habetur. »

dedit eidem Confratrie xl. solidos paris. pro fundacione sui obitus faciendi annuatim in ecclesia Sancte Marie Magdalene.

*[7] Nonas. Anniversarium Marie la Rigote, pro quo debet habere quilibet sacerdos in missa iij. denarios, quos reddit Confratria.

[8] viii. idus. Anniversarium nobilis viri domini Symonis de Buxy, militis, qui dedit xlv. solidos redditus, sitos super duabus [domibus] junctis in Tonneleria, Parisius; de quibus debent habere presbiteri hic pro vigilliis et missa xvj. solidos.

[10] vi. idus. Anniversarium domini Odonis de Francovilla, quondam curati Sancti Benedicti, Parisius, in quo presbiteri singuli habent iij. denarios, quos reddit Confratria.

[11] v. idus. Obiit dominus Nicolaus de Villamaris, quondam canonicus Parisiensis, qui dedit Confratrie xx. libras paris. pro redditibus emendis pro anniversario suo faciendo, quas recepit Radulphus de Ursicampo, prepositus, unde habent sacerdotes pro una missa quolibet anno xij. solidos paris.

*[12] iiii. idus. Anniversarium Guillelmi[1] presbiteri, qui dedit nobis x. solidos, quos reddit Confratria.

[13] iii. idus. Anniversarium Nicholai Huideron et Marie dicte la Douce, quondam uxoris sue, qui dederunt Confratrie lxiij. solidos paris., de quibus habent sacerdotes in vigilliis et missa xx. solidos[2].

[14] ii. idus. Obitus solennis fundatus per prudentem et honorabilem virum Johannem Chenart, prepositum dicte Confratrie et civem Parisiensem, in ecclesia Sancti Sepulchri, in magno vico Sancti Dionisii, annuatim faciendus.

[15] Idus. Obiit Agnes la Marcelle, pro qua habemus xx. solidos redditus, de quibus debent distribui presbiteris confratribus, pro una missa, x. solidos et residuum pro elemosina[3].

[18] xv. kalendas. Anniversarium Alberti Belot, quondam receptoris, Parisius, et Agnetis ejus uxoris, in quo habent sacerdotes x. solidos paris., perceptos super piede domini Regis de Hallis, Parisius, et elemosina x. solidos.

[19] xiiii. kal. Anniversarium Johanne, uxoris quondam Johan-

---

1. Corrigé en « Galerani », leçon donnée par le ms. des Archives nationales, dont la notice est plus étendue.
2. En marge : « Symonis Bourdon ».
3. Au 22 juin dans le ms. des Archives nationales.

nis Medici, in quo habent sacerdotes xiiij. solidos, perceptos super Locutorio Burgensium, et debet fieri in ecclesia Sancti Eustachii.

*[20] xiii. kal. Anniversarium Ade de Sancto Germano, presbiteri[1], pro quo debet habere quilibet sacerdos in missa iiij. denarios, quos reddit Confratria. Qui dedit quamdam domum sitam in vico de Alto folio[2].

[21] xii. kal. Obiit Symon de Sancto Benedicto, qui legavit Confratrie xx. libras paris., de quibus empti fuerunt xliiij. solidi et vj. denarii paris. annui redditus, de quibus sacerdotes debent habere in missa x. solidos, quos reddit Confratria et debet fieri anniversarium in ecclesia Sancte Crucis in Civitate.

*[23] x. kal. Anniversarium Hervei, presbiteri, qui dedit nobis quinque solidos annui redditus.

Item anniversarium Guerini presbiteri, qui dedit nobis quinque solidos, quos reddit Confratria[3].

[24] ix. kal. Obitus venerabilis viri domini Symonis Megret, quondam procuratoris et receptoris hujus Confratrie et canonici Sancti Honorati, qui dedit Confratrie xx. solidos paris. annui redditus et duodecim libras paris. ad emendum alios redditus.

[26] vii. kal. Missa de Sancto Spiritu pro magistro Guillelmo de Giemo[4] in perpetuum facienda die jovis post Penthecosten, vel infra octabas Penthecostes; et semper erit missa de Sancto Spiritu, nec aliter convertetur, sed post ejus obitum in dicta missa de Sancto Spiritu fiet semper una oratio de defunctis specialiter pro ipso, que valet decem solidos paris. distribuendos confratribus presbiteris, qui presentes intererunt in eadem; quos x. solidos paris. Confratria solvet dictis confratribus presbiteris annuatim.

[28] v. kal. Obiit dominus Nicolaus de Civiliaco, presbiter, qui dedit sexdecim regales auri, pro quibus habent presbiteri in missa decem solidos.

[29] iiii. kal. Obiit Stephanus Haudrici, draperius, qui dedit xl. solidos paris. annui redditus pro suo anniversario faciendo, quos reddet Confratria in modum qui sequitur, videlicet in vigilliis x. solidos et in missa x. solidos sacerdotibus dicte Confratrie presentibus, modo consueto, distribuendos; x. solidos pro elemosina dicte Confratrie, et x. solidos pauperibus mulieribus commo-

---

1. Mort en 1247.
2. Cette dernière phrase a été ajoutée postérieurement.
3. Au vij des kalendes dans le ms. des Archives nationales.
4. Voir plus loin, au 26 décembre.

rantibus in hospitali, quod fundaverunt in Gravia, Parisius, predicti Stephanus et ejus uxor pro luminari faciendo; et fiet dictum anniversarum in capella conjuncta dicto hospitali in Gravia, ubi corpora eorum requiescunt.

[3o] Die penultima mensis maii obiit quondam bone memorie domina Nicolaa, quondam uxor domini Symonis de Buciaco, militis, consiliarii regis Francie, pro qua tenemur celebrare vigilias et missam de Defunctis, pro quibus habemus hic xvj. solidos paris.

[3i] ii. kal. Hic debet fieri missa pro defuncta Petronilla, uxore quondam Andree dicti Sause, pro qua habent confratres sacerdotes x. solidos paris., quos reddit Confratria pro anima ipsius Andree ipso su[b]lato de medio.

JUNIUS.

[i] Kalend. Obiit dominus Egidius Galoiz, miles, qui dedit xxxᵃ solidos percipiendos annuatim supra domum ad signum d'un Y grigoys, quam tenet ad presens, videlicet anno M° CCC° nonagesimo, Heuze Courtillier, sitam in vico aus Ouez, contiguam ex una parte Perronnelle d'Oissery, et ex alia Johanni Guerini, in censiva Sancti Maglorii; nundum admortisantur. Hujus somme media pars presbiteris; alia pro elemosina. Inde habentur littere Castelleti signate a Y grigois sub data anni predicti.

[3] iiii. non. Anniversarium domini Alberici de Verberia, canonici Capelle regalis Parisiensis, qui dedit nobis xx. solidos paris. annui redditus, de quibus habent sacerdotes x. solidos in missa et x. solidos in elemosina.

*[6] viii. idus. Anniversarium Nicholai Carnificis, pro quo debet habere quilibet sacerdos in missa iiij. denarios, quos reddit Confratria.

[8] vi. idus. Secunda missa anniversarii pro defuncto Johanne Erarii et Jaquelina, nunc vivente, quondam ejus uxore, debet celebrari ista die; pro quo debent habere sacerdotes, prout supra xiijᵃ die aprilis continetur, x. solidos.

*[1o] iiii. idus. Anniversarium Fulconis de Bobus, presbiteri, pro quo quilibet sacerdos debet habere in vigilia iij. denarios et in missa iiij. denarios.

[1i] iii. idus. Anniversarium deffuncti Johannis Marcelli,

quondam draperii et civis Parisiensis, qui legavit xl. solidos paris. redditus super domo sita prope Hallas, Parisius, de quibus debent habere sacerdotes x. solidos in vigiliis et decem solidos in missa, et residuum pro elemosina.

[12] II. idus. Anniversarium defuncti domini Johannis de Ulmo, presbiteri, quondam canonici Sancte Opportune, qui legavit Confratrie presenti xx. francos pro xx. solidis emendis, de quibus xx^{ti} solidis redditus perpetui due partes distribuentur presbiteris, qui tunc, scilicet die obitus ejusdem, fuerint personaliter presentes, et residuum convertetur in elemosina hujus Confratrie, quos siquidem xx^{ti} solidos dicta Confratria reddere tenebitur.

*[14] xviii. kalendas. Anniversarium Johannis dicti Comitis apothecarii, et ejus uxoris, qui dederunt Confratrie singulis annis de redditu xiij. solidos, de quibus quilibet sacerdos habebit in missa iij. denarios.

[15] xvii. kal. Anniversarium domini Karoli de Sancto Benedicto; xxv. solidos paris. admortizatos, de quibus sacerdotes habent pro vigiliis et missa xx. solidos; residuum elemosine Confratrie.

[17] xv. kal. Obiit dominus Bernardus, curatus quondam ecclesie Sancti Eustachii Parisiensis, qui dedit Confratrie xxij. solidos, de quibus habebunt x. solidos pro suo anniversario faciendo duo capellani, et matricularii dicte ecclesie xij. denarios pro pulsacione magnarum campanarum, residuo Confratrie remanente; et debet fieri hoc anniversarium in ecclesia Sancti Eustachii predicta.

[18] xiiii. kal. Obiit Johanna, quondam uxor deffuncti Roberti Lescrivain, civis Parisiensis, que legavit xl. solidos paris. redditus, sitos super domo Antonii dicti Brun, in Ferronneria, faciente cuneum viculi per quo[d] itur ad vicum au Bourdevois, de quibus habent presbiteri, pro vigiliis et missa in ecclesia Sancti Petri de Arcisis, xx. solidos.

*[20] xii. kal. Anniversarium magistri Arnulphi, pro quo quilibet sacerdos debet habere in missa iij. denarios.

[21] xi. kal. Anniversarium domini Garnerii de Sancto Johanne, presbiteri, curati Sancti Marcialis, qui legavit sexdecim regales auri ad emendum redditus, pro quibus habent presbiteri in missa decem solidos, quos reddit Confratria.

[22] x. kal. Obiit Ysabellis, uxor quondam Symonis Marcelli, pro qua habemus xl^{ta} solidos per manus Stephani Marcelli, ejus

filii, solvendos donec redditus assignentur; de quibus habent sacerdotes pro vigiliis et missa faciendis xx. solidos[1].

[23] IX. kal. Anniversarium domini Petri de Ordeomonte et Margarete ejus uxoris, qui legaverunt Confratrie l. francos auri pro anniversario suo annuatim faciendo; pro quibus Confratria reddit sacerdotibus pro vigiliis x. solidos et pro missa x. solidos.

[26] VI. kal. Hic obiit Radulphus de Carberoto, presbiter, Brito, qui dedit Confratrie xl. solidos paris. annui redditus, sitos super domo Petri de Insulis, in Tonnelaria, videlicet xxvj. solidos pro duabus missis, una de virgine Maria et alia de Deffunctis, et residuum vero erit Confratrie et fie[n]t due misse successive.

[28] IIII. kal. Hic debetur fieri anniversarium, videlicet missa tantummodo, pro defuncto Petro Marcel seniori, et missa de beata Maria virgine pro Agnete uxore sua, quamdiu vixerit, et post decessum dicte Agnetis cantetur missa in vigilliis, et habebunt presbiteri pro toto xx. solidos.

JULIUS.

[1] Kalend. Anniversarium Guillelmi Poinglane junioris, et Johannis Tibodi, pro quibus Margareta la Petite, quondam uxor eorumdem, dedit Confratrie xxx[ta] solidos annui redditus, de quibus sacerdotes debent habere viginti solidos in ecclesia Sancti Heustachii, residuum vero erit dicte Confratrie.

[2] VI. nonas. Hic debet fieri missa de festo Visitacionis beate Marie virginis pro magistro Egidio Fagot, confratre clerico magne Confratrie, ita sollempniter perpetuo, sicut fit in festo Assumpcionis ejusdem, cum presbitero, dyacono et subdyacono, cum pulcrioribus ornamentis, et organo et cantu sollempniori. In eadem missa, sic sollempniter perpetuo celebranda, fiet cum eadem una parva missa de Requiem post decessum ejus. Et dedit domum suam ad hoc faciendum, sitam in vico de la Porte Bourdelle, satis prope de parva porta Collegii regalis Navarre, ad intersignium Stelle.

[3] v. nonas. Anniversarium deffuncti magistri Johannis de Yssiaco, quondam canonici Sancti Germani Antissiodorensis, qui dedit nobis xl. solidos annui et perpetui redditus, percipiendos anno quolibet super duas domos sitas in vico de la Vennerie,

---

1. Article biffé, et, en marge : « Vacat, quia nihil habetur. »

ante domum ad intersignum Scuti Francie; videlicet sacerdotibus presentibus in vigiliis x. solidos, et in missa x. solidos; residuum vero elemosine Confratrie; et debet fieri in ecclesia Sancti Germani Antissiodorensis.

[5] III. nonas. Anniversarium domini N. Cocci, quondam curati ecclesie beati Petri de Arcisis, qui legavit xv. solidos redditus super domo sita in ruella que est retro ecclesiam predictam, de quibus presbiteri habent pro missa vij. solidos vj. denarios; residuum pro elemosina.

[6] II. nonas. Hic debet fieri missa de beata Maria virgine pro magistro Petro de Sarcellis, phisico, qui dedit Confratrie xxx. libras paris. pro emendo redditus. Voluit item magister ut sacerdotes perciperent medietatem et aliam medietatem pro elemosina, et post ipsius decessum fiat missa pro Defunctis ob remedium anime ipsius; et sic distribuuntur xv. solidi paris. dicte Confratrie.

*[8] VIII. idus. Anniversarium Petri Tyboudi, pro quo quilibet sacerdos debet habere in missa iij. denarios.

[9] VII. idus. Anniversarium domini Michaelis, dyaconi Lemovicensis, qui dedit xx^{ti} solidos redditus super domo ad signum Poti de stanno, subtus Carnificeriam Sancte Genovefe, de quibus percipiunt sacerdotes in missa duodecim solidos.

[10] VI. idus. Hic debet fieri missa de beata virgine Maria pro domino Galtero de Chavilla, qui dedit nobis duodecim solidos paris. amortisatos in terra Confratrie nostre; cuilibet sacerdoti, qui ad missam intererunt, tres denarii.

[11] v. idus. Obiit magister Yvo Derien, qui dedit xl. solidos redditus, unde habent sacerdotes pro vigiliis et missa xxiiij. solidos, et residuum pro elemosina.

[12] IIII. idus. Hic debet fieri anniversarium Johannis Marcelli et Marie, quondam uxoris sue, qui dederunt nobis xx. solidos, de quibus debent distribui x. solidi in vigilliis et decem in missa, quos reddit Confratria.

[13] III. idus. Anniversarium deffuncte Johanne dicte la Maillarde, quondam civis Parisiensis, que legavit xl. solidos paris. redditus super domo sita in vico communiter de Donno Martino; de quibus debent habere sacerdotes decem solidos paris. in vigiliis et decem solidos in missa, et residuum pro elemosina.

*[17] XVI. kalendas. Anniversarium domini Michaelis de Sancto Mederico, pro quo quilibet sacerdos habebit in missa iij. denarios.

Obiit Robertus de Mullac, qui dedit nobis xxx^{ta} solidos redditus, de quibus debent distribui xv. solidi sacerdotibus pro missa, residuum pro elemosina.

*[21] xii. kal. Pro domino rege Francie missa de Spiritu Sancto, pro qua quilibet sacerdos habebit iij. denarios.

[22] xi. kal. Pro Guillemeta de Laigny [habemus] xl. solidos; non sunt assignati, sed soluti per Johannem de Lagniaco in morem[1].

[23] x. kal. Obiit Johannes de Valrichier, qui dedit Confratrie quadraginta solidos paris. annui redditus pro anniversario faciendo in ecclesia Sancti Germani l'Aucerrois, et debent distribui sacerdotibus xx^{ti} solidi, residuum vero pro elemosina.

*[26] vii. kal. Anniversarium magistri Guillelmi de Montemorenciaco, quondam succentoris Parisiensis, pro quo quilibet sacerdos debet habere in missa iij. denarios.

[27] vi. kal. Anniversarium deffuncti Petri Paumier, quondam apotiquarii, qui dedit nobis xx. solidos paris. annui et perpetui redditus, percipiendos super domum Johannis Dot et Richarde la Gresse, sitam in vico ad oppositum vici novi Nostre Domine, de quibus habent sacerdotes pro missa x. solidos; residuum vero elemosine Confratrie.

[28] v. kal. Anniversarium deffuncti magistri Guyberti de Certayn, canonici Sancti Germani Antisiodorensis et phisici Regis, celebrandum annuatim in ecclesia Sancti Germani Antisiodorensis, pro quo percipit annuatim Confratria super quamdam domum cum suis pertinenciis sitam in vico Sancti Victoris, ante ecclesiam Sancti Nycholai de Cardoneto, prope fossam de Byevre, xl. solidos paris., de quibus sacerdotes habent, pro vigiliis et missa, xx. solidos; residuum vero Confratrie.

Augustus.

[2] iiii. nonas. Hic debet fieri missa de Sancto Spiritu pro Jaquelina, uxore defuncti Johannis de Espernone, quamdiu ipsa vixerit, et oratio de Defunctis pro dicto Johanne; et, post decessum ejusdem Jaqueline, de Deffunctis, die isto; pro qua missa debent habere presbiteri decem solidos.

[3] iii. nonas. Notandum est quod pro anniversario deffuncti J[ohannis] de Paciaco, J. Le Grant, N. Alory, J. Guillaume et

---

1. Article ajouté en marge.

heredes domine de Cerniaco debent assignare xl. solidos redditus [1].

*[5] Nonas. Anniversarium Stephani Maucion [2] et Radulphi de Montefirmolio, apothecarii, pro quibus quilibet sacerdos habet in missa iij. denarios.

Obiit Guillelmus Blondel, qui dedit nobis xlviij. solidos vij. denarios perpetui redditus, de quibus medietas distribuitur sacerdotibus pro vigiliis et missa, residuum pro elemosina.

[7] vii. idus. Anno quolibet imperpetuum, die lune ante festum beati Laurencii, debet fieri in ecclesia Sancte Genovefe parve, Parisius, una missa pro domino Johanne Marine, quondam ipsius ecclesie curato, scilicet quamdiu vixerit de Sancto Spiritu, et post ipsius obitum de Requiem. In hac autem missa sacerdotes Confratrie, qui presencialiter intererunt, dumtaxat in ea officientur, habebunt x. solidos, quos reddet Confratria; pro predicta autem missa ipse dominus Johannes dedit Confratrie xiij. libras ad redditus perpetuos emendos.

[8] vi. idus. Anniversarium domini Oudardi Heremite, presbiteri beneficiati in ecclesia Beati Germani Antisiodorensis, Parisius, qui dedit xxᵈ solidos paris. redditus super domo Johannis Rouget, sita satis prope ecclesiam Beati Eustachii, de quibus habent sacerdotes in missa x. solidos; residuum pro elemosina [3].

[9] v. idus. Obiit Johannes de Caprosia, pro quo habemus ex ejus legato xl. solidos paris. annui census super domo Johannis des Angles, in vico Sancti Christophori, in censiva nostra; de quibus distribuuntur in vigiliis x. solidi et x. solidi in missa; residui autem xx. solidi sunt ad opus et elemosinam Confratrie.

*[11] iii. idus. Anniversarium Nicholai Arrode [4] in capella Sancti Martini de Campis [5], qui dedit magne Confratrie beate Marie l. libras paris., unde quilibet curatus qui fuerit in missa [habebit] vj. denarios.

*[12] ii. idus. Anniversarium Guillelmi dicti Blenovel [6]; quilibet sacerdos [habebit] iij. denarios.

[13] Idibus. Hic obiit dominus Guillelmus de Chavilla, qui dedit

---

1. Article ajouté en marge.

2. Ms. des Arch. nat., *Malcion*.

3. En marge : « Perdus par le privilege aux Bourgeois l'an mil IIIIᶜ XXVII. »

4. Mort en 1252.

5. Ms. des Arch. nat., *capella Sancti Maturini*.

6. Ms. des Arch. nat., *Bladus novellus*.

nobis xx[ti] sex solidos, de quibus sacerdotes habent decem solidos; residuum erit Confratrie[1].

[14] xix. kalendas. Anno Domini M° CCC° XXVI°, xi[a] die mensis augusti, obiit Johannes Hauderici, draperius et civis Parisiensis, qui legavit magne Confratrie beate Marie Parisiensis xx. solidos, scilicet presbiteris dicte Confratrie x. solidos et dicte Confratrie x. solidos; et debet semper fieri anniversarium in capella defuncti Stephani Hauderici in Gravia[2].

*[16] xvii. kal. Anniversarium domini Milonis, presbiteri Sancti Germani veteris, et Johanne la Blondele, qui dederunt nobis xv. solidos, quos reddit Confratria.

[17] xvi. kal. Missa de beata virgine Maria pro magistro Guillelmo de Giemo[3] in perpetuum facienda, et semper erit missa de beata Maria, non aliter convertenda, sed post ejus obitum in dicta missa de beata Maria fiet semper una oratio de Defunctis specialiter pro ipso, que valet x. solidos paris., distribuendos confratribus presbiteris qui presentes intererunt in eadem; quos x. solidos paris. solvet Confratria dictis confratribus presbiteris annuatim.

*[18] xv. kal. In crastino sedis, anniversarium domini Johannis Hyspani; habemus x. solidos[4].

*[20] xiii. kal. Anniversarium sororis domini Guidonis Bygue; habemus x. solidos.

[21] xii. kal. Anno Domini millesimo CCC[mo] tricesimo tercio, die jovis post octabas Assumptionis beate Marie virginis, donavit nobis dominus Euenus Brito, presbyter de dyocesi Leonensi, quondam beneficiatus in capella Stephani Haudrici in Gravia, ab ipso fundata, unum Breviarium, de bona littera, in duobus voluminibus, ad usum ecclesie Parisiensis, sub conditionibus tamen infrascriptis, ita quod confratres Confratrie tenebuntur de bonis Confratrie imperpetuum domino dicto Eueno post ejus decessum facere duas missas successive, videlicet primam de Virgine gloriosa et secundam de Defunctis; in quarum qualibet missa decem solidi distribuentur sacerdotibus confratribus, qui voluerint inte-

---

1. Article porté au 16 avril dans le ms. des Archives nationales.

2. En marge : « Obiit uxor Jacobi de Paciaco. »

3. Voir au 20 décembre et la note.

4. Article porté au xiij des kalendes et plus développé dans le ms. des Archives nationales.

resse, quos reddet Confratria; et debent hic fieri, quicquid contingat, due misse supradicte, sue mortis non obstante tempore.

Anniversarium Joannis Medici, civis Parisiensis, qui dedit nobis xx. solidos supra quamdam domum sitam in cuneum vici Mortellarie, ante domum archiepiscopi Cenonensis, pro missa in ecclesia Sancti Eustachii, x. solidos; residuum elemosine.

[24] ix. kal. Obiit Johannes de Sancto Benedicto, qui dedit nobis annui redditus xl. solidos, de quibus percipient presbiteri x. solidos in vigiliis et in missa x. solidos.

*[25] viii. kal. Anniversarium Roceline, habemus x. solidos.

[26] vii. kal. Obiit dominus Robertus de Villaribus, qui dedit nobis xl. solidos annui redditus, de quibus percipient presbiteri x. solidos in vigiliis et in missa x. solidos, et debet fieri in ecclesia [Sancti] Eustachii.

[28] v. kal. Obiit Marguareta dicta la Petite, alias la Poinclarne, que nobis dedit xxx. solidos paris. annui redditus pro suo anniversario annuatim faciendo, videlicet sacerdotibus qui intererunt in vigiliis x. solidos, in crastina die totidem in missa, et residuum Fratrie. Et debet fieri semper istud anniversarium in ecclesia Sancti Eustachii Parisiensis.

[30] iii. kal. Anniversarium domini Petri Parvi, quondam vicarii Sancti Victoris in ecclesia Parisiensi, qui dedit Confratrie xx^{ti} iiij^{or} solidos, de quibus habent sacerdotes xij. solidos; residuum est dicte Confratrie.

SEPTEMBER.

[1] Kalend. Hic obiit Thomas de Sancto Benedicto, qui dedit nobis xx^{ti} libras paris., de quibus empti fuerunt xxx. solidi paris. annuatim redditus, de quibus quilibet sacerdos debet habere, qui intererunt in missa, tres denarios; residuum erit Confratrie.

[3] iii. nonas. Obiit Gaufridus Cocatrici, qui dedit nobis xl. solidos annui redditus, de quibus presbiteri percipient in missa xx. solidos.

[7] vii. idus. Obiit Johannes Bourdon, draperius, qui dedit nobis xx. solidos annui redditus, de quibus percipient presbiteri in missa x. solidos.

[8] vi. idus. Obiit Johannes de Sancto Benedicto, civis Parisiensis, qui dedit xl. solidos paris. census, sitos super domo Guillelmi Mathey, in cuneo vici Mangne Poterie, de quibus habent

sacerdotes, pro vigiliis et missa, xx. solidos, in ecclesia Beati Petri de Arsisis.

In die Nativitatis beate Marie virginis fit missa de ipsa beata virgine Maria pro domino Philippo, duce Burgondie; habent sacerdotes presentes quilibet xij. denarios.

[9] v. idus. Hic debet fieri anniversarium Johannis dicti Poin-glane, fillii defuncti Andree Poinglane et Yzabellis uxoris sue, in ecclesia Sancti Heustachii, qui dedit nobis xx^{ti} solidos annui census in bucco Pelliparie, in ruella ante Sanctum Dyonisium de Carsere, in Civitate, Parisius; de quibus debent habere sacerdotes tres denarios in vigilliis et tres in missa; residuum vero erit dicte Confratrie.

[11] iii. idus. Tercia missa anniversarii pro defuncto Johanne Corarii et Jaquelina nunc vivente, quondam ejus uxore, debet fieri ista die, pro qua debent habere sacerdotes, prout supra xiij^a die aprilis continetur, x. solidos.

*[12] ii. idus. Anniversarium Ade Bigue apud Sanctum Eusta-chium; habemus xx. solidos pro vigilia et missa, quos reddit Confratria, cum duobus solidis pro cereis.

[13] Idus. Notandum de anniversario Johanne la Flamenge, matris N. de Mauregart, non assignatum.

[15] xvii. kalendas. Anniversarium domini Johannis de Mon-tecabilonis, qui dedit nobis viginti florenos ad scutum Johannis, de quibus emimus xl^{ta} solidos redditus in vico de Hucheta super domo quondam deffuncti magistri Johannis Arbalestier, prope domum de Pontigny, de quibus debent distribui sacerdotibus, pro vigiliis et missa, xx. solidi, et residuum Confratrie pro ele-mosina.

[16] xvi. kal. Anniversarium bone memorie regis Francie Karoli quinti, pro quo tenetur Confratria solvere sacerdotibus in vigiliis et missa lx. solidos paris.

[19] xiii. kal. Obiit Nicolaus de Pasiaco, qui dedit Confratrie lxx. solidos, de quibus debentur ij. solidi pro fondo terre sito super domo magistri Petri de Fracis, ante censum maghe Con-fratrie beate Marie; de quibus distribuentur in ecclesia Sancti Johannis in Gravia iiij^{or} denarii in vigiliis et in missa octo dena-rii sacerdotibus presentibus.

[21] xi. kal. Obiit Johanna la Marcele; [habemus] in vigiliis et missa xx. solidos.

[22] x. kal. Obiit Ysabella, quondam uxor deffuncti Johannis

de Sancto Benedicto, que dedit xl. solidos paris. redditus capiendos cum aliis xl. solidis ex legato deffuncti quondam mariti sui
super domo faciente cuneum vici Magne Poterie, de quibus
habent hic sacerdotes pro vigiliis et missa xx. solidos in ecclesia
Beati Petri de Arsisis.

*[23] ix. kal. Anniversarium Philipi Matricularii; habemus
x. solidos.

[24] viii. kal. Obitus providi viri Johannis de Ruolio et ejus
uxoris, civis Parisiensis, magistri Compotorum domini nostri
Regis, anno M° CCC° nonagesimo octavo, qui dedit Confratrie
xl. solidos paris. super quadam domo, situatos per heredes suos
in vico qui dicitur la viez Tixerrandie, ad signum Dalphini,
contigua ex una parte domui de la Goutiere de pierre et ex altera
ad ymaginem Sancti Christophori; de quibus habent sacerdotes
pro vigiliis et missa xx. solidos, residuum pro elemosina; et habemus litteras Castelleti de dicta situacione.

[26] vi. kal. Obiit Gaufridus de Floriaco, qui legavit Confratrie xl. solidos annui redditus, de quibus habent sacerdotes xx. solidos distribuendos in missa.

[27] v. kal. In vigilia beati Michaelis debet fieri anniversarium
defuncti Petri Palineu et Fiusie, quondam ejus uxoris, qui dederunt Confratrie xxx. libras paris. pro emendo perpetuos redditus;
et habebit quilibet sacerdos presens in vigiliis tres denarios et in
missa iiij. denarios; residuum vero in usus elemosine convertetur.

October.

*[1] Kalend. Anniversarium Hervini Cambiatoris; habemus
quilibet iij. denarios.

[2] vi. nonas. Obierunt Guillelmus le Bescot, Petronilla ejus
uxor et Johannes le Bescot, canonicus Parisiensis, qui dederunt
iiij^or libras paris. redditus, sitas videlicet super domum Marie la
Doucete, in vico dicto de la Kalendre, xl. solidos paris annui et
perpetui redditus, ac super domum sitam in vico novo Sancti
Mederici ad oppositum vici magistri R[oberti] de Parisius,
xxxix. solidos iiij. denarios annui redditus, de quibus distribuentur in anniversario dicti Guillelmi, pro vigiliis et missa, sacerdotibus xx. solidi, et pro magistro Johanne Bescoti, fratris dicti
Guillelmi, xx. solidi, et pro Petronella, uxore dicti Guillelmi,

xx. solidi; sic pro anniversario dicti Guillelmi die ista xx^{ti} solidi, et xx^{ti} solidi restant pro elemosina Confratrie.

[3] v. nonas. Anniversarium Petronille, uxoris Guillelmi Bescoti; [habemus] pro vigiliis et missa xx. solidos.

[4] iiii. nonas. Anniversarium deffuncti magistri Johannis Bescoti, canonici Parisiensis; [distribuuntur] sacerdotibus in vigiliis et missa xx. solidi.

[5] iii. nonas. Anniversarium domini Guillelmi de Lorris presbiteri, pro quo habentur sacerdotes, in vigiliis et missa, xxx. solidi, et tantum in mense februarii.

[7] Nonas. Obiit Jacobus Coquatrix, qui dedit nobis xx. solidos redditus, de quibus distribuuntur sacerdotibus pro missa x. solidi, et residuum pro elemosina.

*[8] viii. idus. Anniversarium domini Bertrandi; habemus x. solidos [1].

[10] vi. idus. Anniversarium domini Petri de Paciaco, pro quo habent sacerdotes in vigiliis et missa xl. solidos.

[11] v. idus. Obiit dominus Reginaldus de Caprosia, quondam canonicus Capelle Regis, Parisius, ... de quibus distribuuntur iij. denarii, quos reddit Confratria.

[12] iiii. idus. Obiit Radu[l]phus de Paciaco, qui dedit nobis xl. solidos annui redditus, de quibus percipient presbiteri x. solidos in vigiliis et in missa x. solidos.

[15] Idus. Obitus venerabilis viri magistri Johannis de Cruisy, qui dedit Confratrie domum suam sitam Parisius in Civitate, in vico Sancti Christophori.

[17] xvi. kalendas. Obiit Maria di[c]ta Ducellier, que legavit Conf[r]atrie vingi[n]ti sollidos paris., de quibus percipient presbiteri decem solidos in missa.

[18] xv. kal. Missa de beata Virgine pro domino J. Lupi, succentore Parisiensi, quamdiu vixerit, et post ejus decessum fient vigilie et missa de Deffunctis. Qui dedit lxiiij^{or} solidos redditus sitos super domo R. de Sort en boc, iv. solidos in vico de Ferronneria et ix. solidos super quadam domo sita in vico Sancti Martini, in opposito finitus dicti Maubue, de quibus distribuentur hic sacerdotibus xx. solidi, et in alia missa, mense februario, xx. solidi; residuum est pro elemosina.

[23] x. kal. Obiit dominus Petrus de Villaribus, qui dedit nobis

---

1. En marge : « Item pro Jacobo de Paciaco; nihil est assignatum. »

lx. solidos annui redditus, de quibus percipient presbiteri
xxx. solidos, xv. solidos in vigiliis et xv. solidos in missa; et
debet fieri in ecclesia Sancti Eustachii.

[25] viii. kal. Anniversarium deffuncti Petri Ogerii, quondam
prepositi Confratrie, qui dedit lx. solidos reditus non admortizatos, de quibus debent habere sacerdotes, in vigiliis et missa,
xl. solidos, in ecclesia Sancti Germani Antisiodorensis.

[27] vi. kal. Obiit Maria Laugere, que dedit nobis xxxv. solidos
perpetui redditus super domo Johannis de Duaco, in vico Sancti
Dyonisii, in censiva domini Regis, pro cujus anniversario distribui debent sacerdotibus, pro vigiliis xij. solidi vj. denarii et
totidem misse; residuum elemosine.

*[29] iiii. kal. Anniversarium Margarete, uxoris quondam
Petri Coquillarii, apud Sanctum Jacobum in Carnificeria; habemus x. solidos.

[30] iii. kal. Anniversarium magistri Johannis de Rubeomonte,
pro quo tenetur Confratria distribuere sacerdotibus xx. solidos in
vigiliis et in missa, et pro uno alio anniversario pro ejus uxore
xx. solidos[1].

[31] ii. kal. Anniversarium uxoris magistri Johannis de Rubeomonte, pro quo tenetur Confratria distribuere sacerdotibus, in
vigiliis et in missa, xx. solidos.

NOVEMBER.

[2] iiii. nonas. Anniversarium domini Guillelmi, curati de
Cernaco Sancti Benedicti; [habemus] xx. solidos; pro quo distribuuntur x. solidi, et alii decem pro elemosina.

*[5] Nonis. Anniversarium Margarete de Sancto Christoforo[2];
habemus x. solidos.

[6] viii. idus. Obiit Thomasinus de Sancto Benedicto, qui dedit
nobis lx. solidos annui redditus, de quibus percipient presbiteri
x. solidos in vigiliis et in missa xx. solidos.

[7] vii. idus. In hoc mense novembris, vij[a] vel altera die
sequenti, tenemur in cappella Sancti Johannis Euvangeliste in
Clauso Brunelli viginti missas annualim celebrare pro magistro
Johanne de Dormanno, cardinali, fundatore dicte cappelle, cum

---

1. En marge : « Notandum est de anniversario magistri J. de Rubeomonte et ejus uxore, qui legaverunt iiij. libras. »
2. Morte en 1267.

propria collecta et alia pro ibidem sepultis. Et propter hoc rece-
pimus ab executoribus dicti cardinalis octoginta francos auri pro
redditus emendo, de quibus Confratria distribuet sacerdotibus
Confratrie presentibus xl^{ta} solidos, et residuum elemosine; ad
hoc exequendum per nostras litteras nostro sigillo signatas obli-
gamur, actum fuit mense jullii anno M° CCC° nonagesimo tercio.

[9] v. idus. Anno Domini M° CCC° XXIIII°, ix^a die novembris, obiit Maria, uxor Johannis Haudrici, draperii et civis Parisiensis, qui legavit magne Confratrie beate Marie Parisiensis,
xx. solidos, scilicet presbiteris dicte Confratrie x. solidos et dicte
Confratrie x. solidos. Et debet fieri anniversarium semper in
capella defuncti Stephani Haudrici in Gravia.

[10] iiii. idus. Obiit Hugo, presbiter beate Marie Magdalene,
qui dedit nobis v. solidos annui redditus super domum Hugonis
Clerici, et Guillermus de Barris v. solidos, pro quibus duobus
presbiteri percipient x. solidos in missa, quos reddet Confratria.

Obiit Johannes Gentiani, qui dedit magne Confratrie lx^{ta} solidos paris. redditus super domo Guillelmi de Fonteneto, pro quo
debent distribui presbiteris in vigiliis xv. solidi et totidem in
missa; residuum Confratrie; et debet fieri in ecclesia Sancti
Johannis in Gravia.

[13] Idus. Obiit dominus Dyonisius de Duclaro, quondam
canonicus Parisiensis, qui dedit magne Confratrie xx^{ti} solidos
paris. redditus, de quibus pro ipso debent distribui presbiteris
pro ejus anniversario x. solidos.

[14] xviii. kalendas. Obitus uxoris magistri J. de Rougemont;
nihil assignatur[1].

*[16] xvi. kal. Anniversarium domini Hugonis presbiteri[2] et
Guillelmi de Barris, pro quibus habemus x. solidos[3].

[18] xiiii. kal. Obiit Johannes de Meldis, burgensis Parisiensis,
hujus Confratrie quondam prepositus, qui dedit, pro missa annuatim celebranda in parrochia Sancti Johannis in Gravia, xx. solidos percipiendos super quadam domo sita in vico Sancti Germani
prope Salneriam, que nunc est heredum Johannis Peregrini, auri-
fabri, distribuendos sacerdotibus x. solidos et elemosine x. solidos.

[20] xii. kal. L'an M CCC IIII^{xx} et XVIII, le jour de la feste

---

1. Article ajouté en marge.
2. En 1238.
3. Article biffé, et, en marge : « Nihil. »

saincte Katherine, en l'eglise de la Magdalene, en la cité de Paris, furent faiz les exeques de feu madame Blanche, royne de France jadiz, et baillerent les executeurs de la dicte feu royne, c'est a savoir mons. Arnault de Corbie, chancelier de France, maistre Pierre de Pacy, doyen de Paris, et plusieurs autres la somme de xx. livres tournois pour distribuer a l'aumosne et aux prestres de ladicte Confrarie, sanz le luminaire, qui fut moult honorable, comme il appartient a royne de France. Et estoit pour lors abbé de la Confrarie le curé de Saincte Croix en la Cité.

[22] x. kal. Obiit dominus Dyonisius de Duno claro, quondam canonicus Parisiensis, qui dedit nobis xx. solidos redditus, pro quo distribuuntur sacerdotibus, pro una missa x. solidos et residuum pro elemosina Confratrie[1].

[24] viii. kal. Anniversarium magistri Johannis de Paciaco, receptoris de l'Isle[2].

*[25] vii. kal. Anniversarium Garnerii de Sancto Lazaro; habemus x. solidos[3].

[26] vi. kal. Anniversarium Petri d'Aucans et Ysabelle, ejus uxoris, civis Parisiensis, pro quorum anniversario Radulphus, eorumdem filius, dedit domum suam sitam in vico Huchete, ad signum Pavonis, que est in censiva Confratrie; pro quorum anniversario habent sacerdotes, in vigiliis et missa in ecclesia Sancti Marcialis, xxx[ti] solidos paris.

[29] iii. kal. Obiit dominus Ancelmus Losche, capicerius Sancti Stephani de Gressibus, qui dedit nobis lx. solidos paris. annui redditus, situatos in vico Huchete, super domo juxta Pavonem, in censiva Confratrie, de quibus debent distribui sacerdotibus, in vigiliis et missa, xxx. solidi paris.; residuum dicte Confratrie.

DÉCEMBRE.

[1] Kalend. Obiit Ysabellis de Trembleyo, que dedit nobis xx. solidos paris. annui redditus, de quibus percipient presbiteri x. solidos in vigiliis et in missa x. solidos, quos reddet Confratria; et fiet in ecclesia Sancti Bertholomei.

---

1. Article biffé.
2. En marge : « Nihil. »
3. En marge : « Nihil. »

*[2] IIII. nonas. Anniversarium Arnulphi presbiteri; habemus x. solidos.

*[5] Nonas. Anniversarium Johannis Houdeardi; habemus quilibet iij. denarios.

[7] VII. idus. In die Conceptionis beate Marie virginis, fit missa de ipsa, fundata per dominum Philippum, ducem Burgondie, pro quo Confratria tenetur distribuere cuilibet sacerdoti presenti xij. denarios.

[8] VI. idus. Obiit Gaufridus de Dompmartin, qui legavit Confratrie quadraginta solidos paris. amortisatos annui redditus, de quibus debent distribui sacerdotibus, in vigiliis et missa, xx^{ti} solidi; residuum vero pro elemosina dicte Confratrie.

[9] V. idus. In crastino Conceptionis beate Marie virginis, fit anniversarium deffuncti magistri Johannis Creté, quondam canonici sacre Capelle Palatii, pro quo habent sacerdotes, in vigiliis et missa, xxvj. solidos viij. denarios.

[10] IIII. idus. Die sequenti, fit anniversarium deffuncti domini Petri Boré, presbiteri, quondam cappellani dicte sacre Capelle, qui dedit Confratrie lx. solidos, de quibus habent sacerdotes, in vigiliis et missa, xl. solidos, residuum elemosine, cum una missa bassa retro majus altare in bassa Capella Palatii.

[11] III. idus. Anno quolibet imperpetuum, die lune ante festum beate Lucie, debet fieri in ecclesia Sancte Genovefe parve, Parisius, una missa pro domino Johanne Marine, quondam ipsius ecclesie curato, scilicet quamdiu vixerit de beata Maria et post ipsius obitum de Requiem. In hac autem missa sacerdotes Confratrie, qui presencialiter intererunt, dumtaxat in ea officient, habebunt x. solidos, quos reddet Confratria; pro predicta autem missa ipse dominus Johannes dedit Confratrie xiij. libras paris. ad redditus perpetuos emendum.

[14] XIX. kalendas. Obiit Nycholaus Medici, burgensis Parisiensis, qui legavit Confratrie xxviij. solidos paris. percipiendos anno quolibet super quadam domo, que est nunc Johannis de Gallardon, sita in vico de Marivaux, contigua Roberto Solis, ex una parte, et Richardo Du Gué, ex altera; de quibus sacerdotes habebunt in vigiliis et missa xx. solidos, residuum vero elemosine Confratrie; et debet fieri in ecclesia Sancti Eustachii.

*[16] XVI. kal. Anniversarium Emeline Pongentis asinum, apud Sanctum Eustachium; habemus x. solidos in vigiliis et x. solidos in missa.

[19] xiiii. kal. Obiit Stephanus Barbete, pro quo habemus x. solidos, quos reddit Confratria.

[20] xiii. kal. Obiit magister Guillelmus de Giemo, canonicus Sancti Aniani in ecclesia Parisiensi, qui dedit sacerdotibus x. solidos annui census pro anniversario suo, quos reddit Confratria; et debet fieri in ecclesia beate Marie Magdalenes in Civitate [1].

[23] x. kal. Anno [M° CCC°] XLVII°, obiit magister Gilbertus

---

1. Cf. plus haut, au 17 août. — En tête du ms., aux fol. préliminaires A et B, est transcrite la charte suivante, qui se rapporte à cet obit :

Ego Guillermus de Giemo, canonicus Sancti Aniani in ecclesia Parisiensi, volo et ordino ac eciam de mea pura voluntate do et lego magne Confratrie beate Marie Parisiensi quadraginta quinque solidos paris, annui redditus, primo et principaliter annuatim percipiendos de summa sexaginta quinque solidorum paris. annui redditus, amortizatos super domo Florie Custurarie, relicte defuncti Petri Amouretes, sita Parisius, in Civitate, ante parvum ostium ecclesie Beate Marie Magdalenes, in censiva domini Regis, post quatuor solidos et novem denarios fundi terre eidem domino Regi annuatim debitos, contigua ex una parte domui archipresbiteri dicte ecclesie Magdalenes, et ex altera domui magistri Johannis Casse. Ita tamen et sub tali conditione quod de dictis quadraginta quinque solidis paris. annui redditus, quindecim solidi paris. dumtaxat anno quolibet in usus elemosine dicte Confratrie convertentur, prout est fieri consuetum, et de ac pro aliis triginta solidis paris. annui redditus dicta Confratria anno quolibet tenebitur tres missas pro ipso magistro Guillelmo per ipsos confratres presbiteros facere celebrari, videlicet unam de beata virgine Maria, tercia die post festum Assumptionis ejusdem; item aliam de Defunctis, tercia die post festum Omnium Sanctorum, ob parentum, amicorum et benefactorum ipsius magistri Guillelmi ac omnium defunctorum animarum remedium et salutem, quamdiu ipse magister Guillelmus vivet, et post ejus obitum dicta missa de Defunctis per confratres presbiteros specialiter celebrabitur ob remedium anime ipsius magistri Guillelmi, converteturque in anniversarium suum proprium die qua decedet, et in ipsa missa de Defunctis fiet specialis commemoratio de eodem; item terciam missam de Sancto Spiritu, die jovis post festum Penthecostes, vel saltem propinquiori die post ipsam diem jovis, infra tamen octabas dicti festi Penthecostes. Et in qualibet dictarum trium missarum decem solidi paris. distribuentur annuatim, prout est fieri consuetum, inter presbiteros confratres dicte Confratrie, qui in dictarum trium missarum celebratione presentes et personaliter intererunt; et facient in dictis missis de beata Virgine et Sancto Spiritu unam orationem de Defunctis specialiter pro ipso magistro Guillelmo post ejus obitum confratres presbiteri supradicti; et remanebunt perpetuo annuatim dicte misse de beata Virgine et missa de Sancto Spiritu, et in qualibet missa de beata Maria et Sancto Spiritu, post ejus obitum, dicetur una oratio de Defunctis, ut dictum est specialiter pro ipso Guillelmo; sed missa de Defunctis predicta convertetur post ejus obitum in anniversarium suum proprium et specialiter pro ipso die simili qua decedet. Quos triginta solidos paris.

de Turre, canonicus Parisiensis, qui dedit Confratrie xx^{ti} libras paris. pro emendo redditus; empti sunt xx^{ti} solidos redditus, de quibus habebunt sacerdotes x. solidos et elemosina x. solidos.

[29] iiii. kal. Obiit dominus Petrus Chagrin, presbiter, qui dedit xxx. solidos redditus, inmediate post vj. libras paris., capiendos super duabus domibus sitis ad Portam Baudeti, de quibus habebunt presbiteri confratres in vigiliis x. solidos, in missa x. solidos, et alii x. solidi remanent pro elemosina.

IV.

CENSIER DE LA GRANDE CONFRÉRIE NOTRE-DAME.

In nomine sancte Trinitatis. Amen. Hic est census et redditus summaque beneficiorum annuatim recurrentium magne Confratrie beate Marie Parisiensis.

1. Notum sit tam presentibus quam futuris quod Guido de Turre [dedit] unum campum terre, qui vocatur Campus coinquinatus, quem tenent Templares, et pro eo v. solidos censuales annuatim in festo sancti Remigii solvunt, unde fundus terre noster est.

2. Everardus presbiter dedit nobis post obitum suum domunculam suam sitam in curia Ferrici de Paris; hujus anniversarium tenemur facere et distribuere sacerdotibus, qui ejus anniversario intererunt, singulis quatuor denarios in sero et quatuor in mane annuatim.

3. Petrus Coquus dedit stallum in quo panis venditur ad portam, de quo debet preposito quatuor denarios de censu.

4. Gervasius de Castello forti et uxor sua comitissa [dederunt] quinque solidos de censu, quem habebant a carnificibus; magister carnificum eos reddit.

---

annui redditus diebus dictarum trium missarum solvet anno quolibet dictis confratribus presbiteris Confratria antedicta.

Preterea, ad sustentationem et protectionem dictorum quadraginta quinque solidorum annui census, si per lapsum temporis contingeret eos deteriorari seu minui, quod absit, ad finem quod ordinatio predicta de eisdem firma sit in futurum et quod dictus defunctus non defraudetur a bono proposito suo, executores dicti defuncti magistri Guillelmi dederunt nobis sexdecim libras paris., die festi beati Vincencii, anno Domini M° CCC^{mo} XXX° nono.

5. Est quedam vinea apud Ruel in terra Confratrie, tres solidos reddit nobis, unde terre noster est fundus.

6. Saverius miles de Cauda dedit xij. denarios censuales, quos debet Theobaudus de Viridario quodam, quod est juxta Sanctum Marcialem.

7. Philippus de Grevia dedit xij. denarios censuales de terra quadam que est apud Yvri.

8. Ferricus, frater predicti Philippi, dedit nobis xij. denarios censuales super ea[m]dem terram.

9. Amfredus, pater prenominati Philippi, dedit decimam quatuor arpennorum terre in vintena Yvri; predictus Ferricus illam tenet.

10. Duas domos habet Confratria ante Sanctum Bartholomeum; unam emit, que debet Sancto Maglorio iiij. denarios de censu; alteram dedit ei Bartholomeus, filius Blois, que debet Regi ij. denarios.

11. Ante Sanctum Christophorum domum Archangerii emit Confraria.

12. Aliam domum habet prope ecclesiam Sancti Benedicti et vineam retro domum sitam, que debet ad domum de Salicea quinque solidos.

13. Hungerius dedit nobis unum arpennum vinee apud Termas.

14. Hugo Strabo dedit nobis v. quartarios vinee, in loco qui vocatur Chastelet, unde fundus terre noster est.

15. Apud vij. Vias tres quartarios vinee, qui reddunt Sancto Marcello ix. denarios de censu.

16. Apud Sanctum Stephanum unum quartarium vinee, que debet iiij. denarios de censu Sancto Juliano.

17. Apud Banneolum habet unum arpennum vinee, qui reddit xiij. denarios de censu, vj. denarios et obolum Regi, vj. denarios et obolum magne Confrarie beate Marie.

18. Hugo de Castello forti pro remedio anime sue dedit Confrarie in elemosinam..., unde fundus terre noster.

19. Godefredus Pargamenarius dedit tres quartarios vinee apud l'Ai, in terra beate Marie, qui reddunt noven denarios de censu.

20. Confraria habet dimidium arpennum vinee apud l'Ai, quam emit, qui reddit vj. denarios de censu.

21. Confraria habet apud Termas unum arpennum vinee, quam emit a Fotberto Talemerario, que ecclesie Sancti Lazari reddit xij. [denarios] de censu.

22. Stallum habet Confratria ad Portam ..., quod reddit Confrarie xxv. solidos censuales; ad festum sancti Bartholomei xij. solidos et dimidium, ad The[o]phaniam xij. solidos et dimidium.

23. Ricardus miles de Portu [dedit] ij. solidos annuatim habendos super domum quandam apud Sanctum Dionisium in parrochia Sancti Marcelli sitam.

24. Petrus miles de Parvo Ponte dedit Confrarie xv. solidos censuales, novem solidos in Campo Salomonis, quos debet Theobaldus Frogerii, et tres solidos et dimidium in quatuor domibus ultra Parvum Pontem, xviij. denarios in terra trium arpennorum, que est inter Nuelli et Niju, quos debet Hermans, unde fundus terre noster est.

25. Gillebertus, cellarius Regis, dedit Confrarie qua[m]dam domunculam apud Sanctum Landericum.

26. Confraria habet apud Termas arpennum vinee, quam emit a Guidone Maschart et filiis ejus, fide interposita.

27[1]. Tybertus de Monlieri[2] dedit nobis arpennum vinee apud Nijo.

28. Obices Carnifex dedit ij. solidos censuales annuatim Confratrie beate Marie reddendos in Natale Domini super domum suam[3] de Porta..., uxore sua concedente.

29. Galterus Popinus dedit nobis ix. solidos census annuatim in elemosina, in domo quam Costannus[4] tenet in Salneria; quatuor solidos et vj. denarios in sede estivali, quatuor solidos et vj. denarios in sede hyemali reddere debet.

30. Johannes, nepos episcopi, dedit Confrarie xxij. denarios supra prata apud Molimbernier[5], que tenet filius Durans li Eschans.

31. Odo Comestor et Gilla uxor ejus dederunt x. libras Confrarie supra domum que est prope [ecclesiam] Sancte Genovefe parve; post obitum predicti[6] Odonis, Gilla vendidit eam Confrarie, assensu amicorum suorum, xv. libris.

---

1. Les articles 27 à 36 subsistent seuls dans le ms. LL. 435 des Archives nationales. On trouvera en notes les quelques variantes que cette copie offre avec le texte du ms. de la Bibliothèque nationale.

2. Arch. nat., *Montlehery;* cf. plus loin le n° 41.

3. Arch. nat., *domo sua.*

4. Arch. nat., *Toltanus.*

5. Arch. nat., *super pratis apud Molin Bernier.*

6. Arch. nat., *dicti.*

32. Hargerus[1] Matricularius et uxor ejus[2] dederunt Confrarie viij. solidos censuales supra duas domos apud Sanctum Germanum l'Aucerriés[3].

33. Galterius[4], camerarius domini Philippi regis, dedit Confrarie beate Marie, de consensu et voluntate Rosceline uxoris sue, et Hylarii filii sui, quatuor solidos censuales super domum[5] Radulfi Galli, que est in vico Renaldi Cytharide, reddendos in festo Sancti Remigii.

34. Johannes do Marchés de Balneolo debet Confrarie vij. solidos paris. censuales de uno quarterio vinee, reddendos videlicet in festo sancti Johannis Baptiste iij. solidos et vj. denarios, in festo Natalis Domini iij. solidos et vj. denarios, Parisius aportatos.

35. Maheu[6] Renart et Petronilla uxor ejus debent Confrarie xxx. solidos paris. censuales pro stallo ad ova, reddendos in festo sancti Remigii vij. solidos et vj. denarios, in Natali vij. solidos et vj. denarios, in Pascha vij. solidos et vj. denarios, in festo sancti Johannis Baptiste vij. solidos et vj. denarios.

36. Guillermus Harcher[7] dedit Confrarie v. solidos paris. censuales, reddendos in festo sancti Johannis Baptiste, super domum suam sitam[8] en Lars, que domus contigua est domui Confrarie.

37. Aloldus miles de Parvo Ponte et uxor ejus Emelina dederunt quoddam molendinum situm a Mibrae, quod vocatur Chareton[9], Matheo Trenel annuente, et tres quarterios vinee apud Ulmetellum Regis; pro quibus, ex constitutione confratrum nostrorum, singulis sedibus, de beneficio nostre Confrarie habent lazari de Salicea unam scutellam plenariam et insuper octo edulias, et xij. rossolias, et dimidium sextarium clareti et unum sextarium vini pro animabus eorum.

38. Engelranus Bordon et Joia uxor ejus dederunt Confrarie duos molendinos libere et absolute sitos in Putea aqua; pro qui-

---

1. Arch. nat., *Harcherus*.
2. Arch. nat. omet *ejus*.
3. Arch. nat., *Aucerrois*.
4. Arch. nat., *Galterus*.
5. Arch. nat., *domo*.
6. Arch. nat., *Mahi*.
7. Arch. nat., *Wilhelmus Harchier*; cf. Leroux de Lincy, p. 15-16.
8. Arch. nat., *domo sua sita*.
9. Les articles 37 à 43 sont copiés dans le ms. au fol. vjxxix. et verso, en tête du censier, et sans qu'aucun titre les sépare du texte des statuts.

bus molendinis debet Confraria ij. solidos abbati de Sancto Dionisio; pro quibus, ex constitutione confratrum nostrorum, singulis sedibus, de beneficio nostre Confrarie, habent infirmi de Fontanello apud Vicenas duas scutellas plenarias pro animabus eorum.

39. Guido, miles de Chabrosa dedit Confrarie vj. sextarios frumenti apud Villam novam Regis; pro quo, ex constitutione confratrum nostrorum, singulis sedibus, de beneficio nostre Confrarie habent lazari de Salicea unam scutellam plenariam, et insuper octo endulias, et xij. rossolias et dimidium sextarium clareti et unum sextarium vini pro animabus eorum.

40. Tybertus de Molieri dedit nobis arpentum vinee apud Nijo[1]; sciendum est autem quod confratres dederunt ei in perpetuum singulis annis unam scutellam plenariam reddendam infirmis de Salicea pro anima ejus.

41. Lambertus, paniparius Regis, et uxor ejus Maria dederunt Confrarie beate Marie unum arpennum vinee apud Ulmetellum Regis; pro quibus, ex constitutione confratrum nostrorum, singulis sedibus, de beneficio nostre Confrarie, habent lazari de Salicea unam scutellam plenariam pro animabus eorum.

42. Martinus de Furno et uxor ejus dederunt v. quarterios vinee in Farfagne, pro qua lazari de la Banliue habent unam scutellam plenariam.

43. Petrus Tibout dedit Confrarie xxx. solidos censuales in censiva ejusdem Confrarie super domum altam in vico de Saas, pro quo recipiunt leprosi de Fontaneto unam scutellam plenariam.

<h2 style="text-align:center">V.</h2>

INVENTAIRE DES ORNEMENTS
ET LIVRES D'OFFICES DE LA GRANDE CONFRÉRIE NOTRE-DAME.

(11 février 1289.)

Ce sunt les choses de la grant Confrarie Nostre Dame de Paris, apartenanz au services et aus obseques, c'est à savoir : ij. chasubles, une tunique, une damatique, iij. aubes parées et ij. aubis parez, ij. estoles et iij. fanons, une estole à commendation,

---

1. Cf. plus haut, n° 27.

iiij. chapes, dont les ij. sunt doubles, appareillies dedens et
dehors; i. Missel sanz Epitres, ij. livres des Aniversaires et des
establissemens de la Confrarie[1], i. galice a estui de cuir bouli,
ij. corporaus a estui de soie a ymages, iij. rochés, une touaille
petite, i. encensier d'argent, une palete de fer dedenz a estui de
cuir bouli, une navette a l'encens a pié et a couvecle tout d'argent,
une cuillier d'argent dedens, xl. livres aux enterremens, et i. livret
ou tout le service des mors soit, et soit notés et enluminez d'or et
liez aussi comme li autre, xxxv. estolles, ij. chandeliers de cuivre,
une crois d'argent, iiij. quarriaus et une quarpitte d'une couleur,
iij. coffres fermanz a clef, c'est a savoir : i. au vestemens, i. au
livres et aus estolles, et i. au cierges. Ces choses desus dites furent
venez l'en de grace M. CC. IIII[xx]. et VIII., le venredi aprez les
octaves de la Chandeluer.

VI.

SECOND CARTULAIRE DE LA GRANDE CONFRÉRIE NOTRE-DAME.

I.

*Des lx. sols de cenz et ij. deniers de fonz de terre du prieur
de Coinsi.*

(12 avril 1289.)

Universis presentes litteras inspecturis frater Guido, prior humi-
lis de Coinssiaco, Cluniacensis ordinis, Suessionensis diocesis,
totusque ejusdem loci conventus salutem in Domino. Noveritis
quod cum nos habeamus, teneamus et possideamus quandam
plateam sitam Parisius, ultra Parvum Pontem, extra muros, in
vico qui tendit ad monasterium Beate Marie de Campis, que platea fuit quondam Poncii Lombardi, contingam domibus nostris,
que fuerunt dicti Poncii, ex una parte, et ruelle que tendit ad
Sanctum Marcellum et Gentiliacum, ex altera parte, in censiva et
dominio magne Confrarie beate Marie, oneratam dumtaxat in
duobus denariis paris. fundi terre et quinquaginta solidis paris.

---

1. Sans doute le manuscrit des Archives nationales, décrit plus haut, ainsi
que le volume récemment acquis pour la Bibliothèque nationale et qui fait
l'objet de la présente publication.

annui incrementi census seu perpetui redditus, debitis annis singulis predicte Confrarie, et domini Henricus, presbiter Beate Marie Magdalene Parisiensis, abbas, Guillelmus de Chavilla, presbiter, grefferius, et Johannes dictus Bigue, civis Parisiensis, prepositus predicte Confratrie, nolentes nos et successores nostros dictam plateam tenere in manu mortua, compellerent nos dictam plateam ponere extra manum nostram, diligenti deliberatione prehabita, et tractata pensataque utilitate et plenius intellecta prioratus nostri predicti, cum predictis abbate, grefferio et preposito convenimus et pacificavimus super premissis, modo, forma et pacto infrascriptis, videlicet quod predicti abbas, grefferius et prepositus, nomine dicte Confrarie, et eorum successores permittent nos perpetuo tenere in manu mortua, in quantum sua interest, dictam plateam et ibi provisores et eorum successores pro dicta admortizatione sic facta habebunt, percipient et possidebunt super dicta platea et ejus pertinentiis, annis singulis, imperpetuum, quatuor terminis Parisius consuetis, decem solidos paris. annui census seu perpetui redditus, una cum predictis quinquaginta solidis incrementi census et duobus denariis fundi terre, quos habebant et percipiebant, ut premittitur, super dicta platea ante hujusmodi compositionem, salva tamen eisdem et eorum successoribus ac predicte Confratrie, et retenta omnimoda juridicione, quam habebant super dicta platea ante conpositionem predictam, salvisque et retentis eisdem ventis suis super eadem et in eadem, si per nos vel successores nostros processu temporis predicta platea vendita fuerit, vel alio modo alienata. Quos siquidem duos denarios fundi terre, quinquaginta solidos predictos, necnon et predictos decem solidos pro admortizatione predicta promittimus et obligamus nos bona fide perpetuo reddituros et soluturos predicte Confratrie predictisque abbati, grefferio et preposito, nomine dicte Confrarie et pro ipsa eorumque successoribus annis singulis quatuor terminis Parisius consuetis, necnon per pacta et conventiones habitas et intervenientes inter nos et predictos abbatem, grefferium et prepositum ponere et implicare in melioracionem dicte platee sexaginta libras paris. infra unum annum a festo beati Johannis Baptiste nativitatis proximo venturo in antea continue computandum. Et pro premissis omnibus et singulis predictis a nobis et successoribus nostris tenendis, faciendis et integraliter adimplendis modo predicto, obligamus specialiter predicte Confrarie et predictis abbati, grefferio et preposito eorumque successoribus predictas plateam et domos continguas dicte platee, necnon nos et successores nostros prioratumque nostrum predictum bonaque nostra, et ipsius prioratus mobilia et immobilia, presentia et futura, ubicumque existencia; in cujus rei testimonium sigilla nostra presentibus litteris duximus apponenda. Datum Coinssiaci, anno Domini millesimo ducentesimo octogesimo nono, die martis post Pascha, mense aprilis.

II.

Des xvij. livres de cenẑ devant S. Bertelemi, et sont eschangés sur la bouete des Hales[1].

(26 avril 1289.)

Universis presentes litteras inspecturis officialis curie archidiaconi Parisiensis salutem in Domino. Noveritis quod coram nobis constituti dominus Henricus, presbiter Beate Marie Magdalene Parisiensis, abbas, Guillelmus de Chavilla, presbiter, grefferius, et Johannes dictus Bigue, civis Parisiensis, prepositus magne Confratrie beate Marie, ac provisores et administratores ejusdem Confratrie, asseruerunt in jure coram nobis suo, Confratrie predicte et confratrum ejusdem Confratrie nomine, quod ipsi ministri et provisores ac alii confratres ejusdem Confratrie, suo et ipsius Confratrie nomine, habebant, tenebant et possidebant quandam domum sitam Parisius ab oppositis ecclesie Sancti Bartholomei Parisiensis, inter domum rectoris ipsius ecclesie, ex una parte, et domum relicte Laurencii dicti Coti, in sensiva Sancti Maglorii Parisiensis, ut dicebant. Quam siquidem totam domum predictam, prout se comportat ante et retro, longo et lato, inferius et superius, prefati ministri et provisores coram nobis propter hoc constituti, pensata utilitate predicte Confratrie ac diligenti deliberatione prehabita et tractata cum aliis confratribus dicte Confratrie, ut dicebant, recognoverunt in jure coram nobis se, suoque predicto Confratrie et confratrum ejusdem nomine, adcensasse et nomine adcensacionis, ex nunc imperpetuum, dedisse, tradidisse et concessisse Guillelmo de Vernone, caligario, Johanne,

____

1. En marge : « La lettre de xij. est avec cesie de ij., car il dependent l'une de l'autre. »

ejus uxori, et eorum heredibus pro decem et septem libris paris. annui incrementi census seu perpetui redditus, reddendis et solvendis imperpetuum, annis singulis, quatuor terminis Parisius consuetis, eisdem ministris et provisoribus, nomine quo supra, eorumque successoribus ministris et provisoribus a predictis conjugibus et eorum heredibus sive causam habituris ab eisdem. Promittentes predicti ministri et provisores, suo nomine quo supra, fide data in manu nostra, quod contra hujusmodi adcensationem, traditionem, quittationem et concessionem, jure aliquo communi vel speciali, per se vel per alium, non venient in futurum, immo predictam domum ad censum predictarum decem et septem librarum paris. tantummodo, absque aliquo alio onere, impedimento et obligatione quibuslibet, predictis conjugibus et eorum heredibus sive causam habituris ab eisdem, nomine quo supra, garantizabunt, liberabunt et defendent in judicio et extra judicium, ipsius Confratrie propriis sumptibus et expensis, ad usus et consuetudinem ville Parisiensis, quocienscumque opus fuerit, et super hoc ipsi ministri et provisores, vel eorum successores ministri et provisores dicte Confratrie super hoc fuerint requisiti; obligantes quantum ad hec predictis conjugibus et eorum heredibus se et eorum successores ministros et provisores ipsamque Confratriam et confratres ejusdem, omniaque ipsius Confratrie bona mobilia et immobilia, presentia et futura, juriditionique nostre curie supponentes. Prefati vero Guillelmus et Johanna, ejus uxor, coram nobis constituti, confitentes in judicio coram nobis premissa esse vera et se predictam domum a predictis ministris et provisoribus ad censum predictarum decem et septem librarum recepisse, promiserunt, fide data in manu nostra, se predictum censum perpetuo, modo et forma predictis, reddituros et soluturos annis singulis predictis ministris et provisoribus, nomine quo supra, et eorum successoribus, provisoribus et ministris, necnon et predictam domum tenere et sustinere perpetuo in statu sufficienti. Hoc acto et in pactum deducto inter ipsas partes, prout coram nobis sunt confesse in presenti contractu, quod predicti conjuges infra unum annum ab instanti festo Nativitatis beati Johannis Baptiste in antea computandum ement Parisius infra muros, ultra magnum Pontem, in loco bono sufficienti tringinta solidos paris. annui census seu perpetui redditus, qui tringinta solidi census remanebunt perpetuo obligati per pactum predictum predictis provisoribus et ministris eorumque successoribus

ac predicte Confratrie de tenendo et sustinendo a predictis conjugibus et eorum heredibus causamque habituris ab eisdem predictam domum in statu bono et sufficienti ad censum predictum,
prout superius est expressum. Acto eciam et in pactum deducto
inter dictas partes, prout coram nobis recognoverunt, quod si
predicti conjuges vel eorum heredes seu causam habituri ab eisdem processu temporis predictam domum dimitterent et eam
dimittere vel quittare vellent, predicti tringinta solidi census et
quicquid juris dominii, proprietatis, possessionis et accionis ipsi
conjuges haberent et sibi competeret in eisdem ad predictos
ministros et provisores, nomine quo supra, eorumque successores
et predictam Confratriam perpetuo devolventur et etiam remanebunt, ipsosque tringinta solidos census ex tunc predicti provisores
et ministratores eorumque successores, nomine quo supra, perpetuo annuatim habebunt, possidebunt et percipient. Et pro premissis omnibus et singulis predictis, modo, forma, pacto et condicione predictis a prefatis conjugibus et eorum heredibus sive
causam habituris ab eisdem faciendis, tenendis et integraliter
adimplendis, Guiardus dictus Caligarius, alias dictus de Sancto
Germano, civis Parisiensis, coram nobis constitutus pro dictis
conjugibus et ad eorum requisitionem erga predictos provisores
et ministros eorumque successores et dictam Confratriam, se fecit
et constituit principalem debitorem, fide ab ipso super hoc in
manu nostra prestita corporali, juri quo cavetur principalem
prius fore conveniendum quam intercessorem in hoc facto et per
fidem renunciando. Et ad majorem securitatem omnium premissorum a predictis conjugibus modo predicto et eorum heredibus
faciendorum, tenendorum et adimplendorum, tam predicti conjuges quam Guiardus predictus provisoribus et ministris eorumque successoribus, nomine quo supra et predicte Confratrie, sese
heredesque suos omniaque sua et heredum suorum bona mobilia
et immobilia, presencia et futura ubicumque sint et poterunt
inveniri, et eciam ad quoscumque devenerint possessores coram
nobis obligarunt et jurisdicioni nostre curie supposuerunt, ubicumque se transferant vel divertant. In cujus rei testimonium,
ad petitionem predictarum personarum omnium, sigillum curie
nostre presentibus litteris duximus apponendum. Datum anno
Domini millesimo ducentesimo octogesimo nono, die martis post
festum beati Marci euvangeliste.

III.

Des xlvj. sols de cenꝫ Ynbert le Fournier a S. Sauveur.

(7 avril 1289.)

Universis presentes litteras inspecturis officialis curie archidiaconi Parisiensis salutem in Domino. Noveritis nos, anno Domini
millesimo ducentesimo octogesimo octavo, die jovis ante Pascha,
vidisse testamentum magistri Jacobi Appothecarii, quondam civis
Parisiensis, sigillo curie nostre sigillatum, in quo testamento
inter cetera vidimus clausulam que sequitur in hec verba : Item,
legavit magne Confratrie beate Marie Parisiensis quadraginta sex
solidos annui census seu redditus, percipiendos et habendos annis
singulis super quoddam jardinum suum, situm ultra portam
Sancti Dionisii Parisiensis, ita tamen quod, post ipsius testatoris
decessum, confratres dicte Confratrie pro ipsius patris et matris
suorum ac uxorum suarum animabus missam et vigilias singulis
annis celebrare teneantur die obitus sui, alioquin non habeant,
si defecerint in premissis. Transcriptum autem hujus clausule
fecimus fieri sub sigillo curie nostre, cujuslibet jure salvo. Datum
anno et die predictis.

IV.

*De la meson Guillaume Fresnel en Fret mantel,
qui fu vendue à la Confrarie.*

(18 avril 1288.)

Universis presentes litteras inspecturis officialis curie Parisiensis salutem in Domino. Noveritis quod coram nobis constituti
Guillermus dictus Fresnel, talliator pannorum Parisius, et Orangia, ejus uxor, asseruerunt quod ipsi ex eorum conquestu habebant et possidebant domum quandam sitam Parisius ultra Parvum Pontem, in vico de Frigido mantello, inter domum Thome
Crasseterii et domum Rogeri Corderii, in censiva confratrum
magne Confratrie beate Marie, oneratam in duobus solidis paris.
fundi terre solummodo, ut dicebant; quam domum predictam,

prout se comportat ante retro, inferius et superius, cum suis pertinentiis et quicquid juris dominii, possessionis, proprietatis et
actionis ipsis conjugibus competebat in eadem, iidem Guillermus et ejus uxor coram nobis vendiderunt et nomine vendicionis
ex nunc perpetuo quitaverunt et concesserunt Thome dicto de
Sancto Benedicto, drapario, civi Parisiensi, nunc preposito dicte
Confratrie, ementi, vice et nomine ipsius Confratrie et confratrum ejusdem, pro precio decem et octo librarum paris., jam ipsis
venditoribus soluto in peccunia numerata, ut confessi sunt coram
nobis, excepcioni non numerate et non recepte peccunie renun-
ciantes per fidem ac promittentes, fide in manu nostra prestita
corporali, quod contra vendicionem et quittacionem hujusmodi
non venient per se vel per alium jure aliquo in futurum, et quod
ipsi domum predictam, prout se comportat, ut dictum est, cum
suis pertinentiis ad dictos duos solidos fundi terre, sine alio
onere, impedimento vel obligatione garantizabunt, liberabunt et
defendent suis sumptibus et expensis, in judicio et extra, preposito, ministris et aliis confratribus dicte Confratrie et eorum successoribus in ea, quandocumque opus fuerit perpetuo contra
omnes et eis pacifice solvent sexaginta et duodecim solidos paris.,
nomine pene seu interesse cum missiis et omnibus rectis costa-
mentis, si dicta vendicio in toto vel in parte retracta fuerit vel
evicta; et quantum ad hec et pro recta garandia modo predicto
ferenda ipsi venditores se et heredes suos et omnia bona sua et
heredum suorum mobilia et immobilia, presencia et futura, confratribus dicte Confratrie et eorum successoribus in ea obligaverunt et se jurisdicioni curie Parisiensis supposueruut. In cujus
rei testimonium sigillum curie Parisiensis presentibus litteris
duximus apponendum. Datum anno Domini millesimo ducentesimo octogesimo octavo, die dominica qua cantatur Jubilate.

V.

*Des xxv. sols de cenʒ mestre Jaques Alaire, qui furent Estienne
de Besseville au chevet S. Gervés.*

(28 octobre 1288.)

A tous ceus qui ces presentes lettres veront, Pierre Saymel,
garde de la prevosté de Paris, salut. Nous faisons a savoir que

par devant nous vindrens Estiene de Beuseville, bourgois
de Paris, et Marguerite sa fame, affermerent en jugement que
du propre heritage dudit Estiene, ils avoient et prenoient
xxv. sols de parisis de cens ou chascun an de rente, premiers pris
sus une meson seant a Paris au chevés de l'eglise Saint Gervés de
Paris, si comme il disoient, laquele meson est Jehan Tousé
et Aalés, sa fame, tenant, d'une part, par devers la Porte
Baudier, a la meson Guillaume Daugon et a la meson des
diz Jehan Tousé et Aalés, sa fame, d'autre; desquiex sunt
deus quatre deniers pour le fons de la terre a la grant Confrarie
Nostre Dame de Paris, en qui censive ladite meson est assise,
si comme il disoient; et les quiex vint et cinc sous de cens ou
chascun an de rente, les devans dis Estiene et Marguerite sa
fame, de leur gré, bien pourveus, et bien acertenez et sanz con-
trainte nulle, reconnurens en jugement par devant nous eus
avoir vendu et en non de pure vente delessié, otroyé et quitté a
mon seigneur Henri, arceprestre de la Madalene de Paris, abbé
de la grant Confrarié Nostre Dame de Paris, a Jehan Bigue,
prevost de ladite Confrarie, a mon seigneur Guillaume de Chaville, greffier de cele Conflarie, achetans ou non, et pour la dite
Conflarie, pour le pris, c'est a savoir de xviij. livres de parisis,
que les diz vendeeurs connurent en jugement eus avoir eü et
receu des achetuers devant diz, avant que ceste lestre fust fete en
bonne peccune bien nombrée, dont il se tindrent bien a paié,
et quitterent les diz acheteeurs et la dite Confrarie du tout en
tout, renunçans a l'excepcion de la dite peccune non nombrée, non
paiée, non eüe et non receue par devant nous, metans et trans-
portans es diz acheteueers et en la Conflarie par eus tout le droit,
l'ancion, saisine et prosprieté que il avoient et avoir pooient es
devans diz xxv. sols de cens on chascun an de rente, sanz jamés
riens retenir en iceus, a eus ne a leur hoirs; et promistrent
les devans diz vendeueers par leur leaus creans, que contre
ceste vente et ceste quittance ou contre aucunes des choses desus
dites ne vendront par droit d'eritage, par reson de conquest de
douaire, de don pour noces ou par autre droit quel que il soit,
commun ou espicial, par eus ne par autre a nul jour ou tans a
avenir. Ainçois les devant diz xxv. sols de cens ou chascun an de
rente, a la charge de quatre deniers de fons de terre tant seulement, sanz nulle autre obligation, garantiront, deliverront et def-
fendront au diz acheteueers, a leur successeurs et a la dite Confla-

rie, a leur propes couz et despens, aus us et aus coustumes
de Paris, a tous jours més contre tous; et rendront et paieront a
ices achetueeurs, en non de paine, sexante douze solz de parisis,
se ceste vente estoit retraite ou eue d'aucun en tout ou en partie; et
tous couz, despens, depars et damages qu'il feroient ou encour-
roient par de defaute de la garandie, dont il voudrent que le por-
teeur de ces presentes lettres en fust creus par son simple serment
sanz nulle autre preuve fere. Et pour droite garandie porter, la
pene, se elle estoit commise, restorer avec les cous et pour toutes
les choses desus dites et chascune par soi tenir fermement, garder
et loiaument acomplir, il ont obligié et soumis a jousticier par le
prevost de Paris eus, leur hoirs, tous leur biens et les biens de
leur hoirs meubles et non meubles presens et a avenir, especial-
ment en contre plege xxxiij. sols et ix. deniers de cens on chascun
an de rente, qu'il avoient et prenoient, si comme il disoient, tan-
tost après vj. deniers de chief cens, seur la meson Henri dou
Liege, le barbier, seant a Paris outre Petit Pont, en la rue
de la Huchette, tenant a la meson Henri le Barbier le vieil, d'une
part, et a la meson Courrat l'Alemant, ferron, d'autre. Et renun-
cierent a tous engins, a toutes decevances, au privilege de
la crois prise et a pendre, au benefice de division, la fame, au
benefice Velleyan et a tout autre droit entreduit pour les fames.
En tesmoing de ce, nous avons mis le seél de la prevosté de Paris
en ces presentes lettres l'an de grace mil deus cens quatre vinz et
viij., le jeudi devant la feste de Touz sainz.

VI.

De iij. quartiers de vingne qui furent eschangés à Chartreuse[1].

(14 septembre 1286.)

Universis litteras inspecturis frater Rogerus, prior domus Vallis viridis prope Parisius, ordinis Cartusiensis, et ejusdem loci
conventus salutem in Domino. Noveritis quod, cum nos habe-
remus et possideremus in manu mortua ex dono inclite recorda-
tionis Ludovici, Dei gratia, quondam regis Francorum, tria
quarteria vinee sita prope Parisius ad Portam Gibardi, juxta

---

1. En marge : « Et i a ij. lettres dont l'une n'est pas segniée. »

domum Confratrie beate Marie, salvo Margarete concergie Parisiensis, quandiu ipsa vixerit, in ipsa vinea usufructu, nos, pensata nostra et domus nostre utilitate, dicta tria quarteria vinee et
quicquid habemus in eadem damus et ex nunc perpetuo concedi-
mus et quittamus, nomine promutationis sive in escambium, preposito, abbati et decano supradicte Confratrie beate Marie, per-
mutantibus et recipientibus nomine dicte Confratrie et confratrum
ejusdem pro quinque quarteriis vinearum que dicuntur vinee de
Cambio, que dicta Confratria et confratres ejusdem possidebant in
manu mortua, sita juxta Parisius in territorio Vallis viridis, hoc
salvo quod dicta Confratria et confratres ejusdem sexaginta solidos paris. annue pensionis super dictis tribus quarteriis vinee
dicte concergie, quamdiu ipsa solummodo vixerit, in recompensa-
tionem usus fructus, quem ipsa habebat in dicta vinea, persol-
vent. Et promittimus assensu unanimi, bona fide et per sti-
pulationem legitimam nos dicta tria quarteria vinee, prout se
comportent, quita et libera preterquam de dictis sexaginta solidis
dicte Concergie solvendis, ut dictum est, garantizaturos et defen-
suros in manu mortua dictis Confratrie et confratribus ejusdem
ac eorum successoribus in ipsa, nostris sumptibus in judicio et
extra, ad usus et consuetudines Francie, contra omnes et adversus
donationem, concessionem et quitationem permutationis hujusmodi non venturos per nos vel per alium in futurum aliquo
ingenio vel cautela, nos et domum nostram et successores nostros
cum omnibus nostris et domus nostre bonis dictis confratribus et
Confratrie pro premissis omnibus adimplendis obligantes. In
cujus rei testimonium sigillum nostrum, quo unico utimur, presentibus litteris duximus apponendum. Datum anno Domini
M° CC° LXX° sexto, sabbato post Nativitatem beate Marie.

VII.

Bail à ferme de sept arpents de terres labourables, sises à Montmartre,
par la Grande Confrérie Notre-Dame à Gilbert Plastarius.

(14 janvier 1289.)

Universis presentes litteras inspecturis officialis curie archidiaconi Parisiensis salutem in Domino. Noveritis quod coram
nobis constituti dominus Henricus, presbiter Beate Marie Mag-

dalene Parisiensis, abbas, dominus Guillelmus de Chavilla, presbiter, grefferius, et Johannes dictus Bigue, civis Parisiensis, prepositus magne Confratrie beate Marie, asserentes in judicio coram nobis ipsos presbiteros et Johannem, suo, Confratrie predicte et confratrum ejusdem nomine, habere, tenere et possidere septem arpenta vel circiter terre arabilis in una pecia sita ultra ecclesiam fratrum Sancti Augustini, deversus Montem Martyrum, contigua ex una parte terre que fuit defuncti Odonis dicti Pizdoe et ex alia parte terre Johanne dicte la Hermande; quorum septem arpentorum sunt in eorum censiva quinque arpenta et duo arpenta in censiva domini Parisiensis episcopi, ut dicebant, recognoverunt et confessi sunt in jure coram nobis se predicta septem arpenta terre tradidisse et concessisse ad rectam medietariam seu firmam sub modis, forma, pactis et conventionibus infrascriptis, Gileberto Plastario et Sedilie, ejus uxori, et cuilibet eorum in solidum usque ad novem annos proximo venturos, videlicet quod predicti conjuges predictas terras quolibet anno dictorum novem annorum excoli et fieri facient omnibus factionibus bene et sufficienter semelque fimari per dictos novem annos ad arbitrium bonorum agricolarum, sumptibus et expensis conjugum predictorum, fructusque ipsarum terrarum et fossata relevare predictasque terras seminare de blado ipsorum conjugum proprio secundum aptitudinem temporis, fructusque ipsarum terrarum lactare, sectare et ligare, seu seminari, sactari, ligari, secari et fossata reparari facere, dictorum conjugum propriis sumptibus et expensis, fructibusque siccatis in augusto in campo gerbas partiri, partemque dictarum gerbarum dictorum tradentium adducere seu adduci facere Parisius infra muros, in quocunque loco predicti tradentes seu eorum successores maluerint et elegerint, ipsorum conjugum propriis sumptibus et expensis. Tali pacto habito in presenti contractu inter ipsas partes, pro ut ipse partes coram nobis sunt confesse, quod si dominus .. Parisiensis episcopus, vel ejus .. officialis et ballivi compellerent ipsas tradentes vel eorum successores ad ponendum extra manum suam predicta duo arpenta in censiva predicti domini .. episcopi, ut premittitur, sita infra dictum terminum, quod dicti recipientes non poterunt per dictas conventiones petere ipsos tradentes vel eorum successores debere ipsa duo arpenta garantizare, defendere et liberare seu assignare duo arpenta terre alibi ita competentia, vel reddere et resarcire ipsis conjugibus dampna et expensas propterea ab eisdem conjugibus tunc factas, sed ipsi conjuges predicta quinque arpenta sub pactis predictis tenerent et tenebunt. Promittentes dicti tradentes, suo et nomine quo supra, fide media, quod ipsa sub modo et forma predictis premissa per dictum terminum inviolabiliter observabunt, et premissa modo predicto garantizabunt, liberabunt et defendent in judicio et extra, sub obligatione omnium bonorum Confratrie predicte, dictis conjugibus per dictum terminum, si opus fuerit, contra omnes, se quantum ad hoc jurisdicioni nostre curie supponentes. Prefati vero Gilebertus et Sedilia ejus uxor, coram nobis constituti, confidentes premissa vera esse et se in solidum predictas terras usque ad dictos novem annos a predictis presbiteris et Johanne ad dictam medietariam seu firmam sub modis, forma, conditionibus, pactis et conventionibus predictis recepisse promiserunt per fidem suam in manu nostra prestitam corporalem, premissa omnia et singula, prout superius scripta sunt et expressa, tenere, facere, adimplere et inviolabiliter observare, et contra ipsa vel eorum aliquod per dictum terminum in aliquo no[n] venire. Obligantes quantum ad hec predictis tradentibus, nomine quo supra, et eorum successoribus unum arpentum vinee ipsorum conjugum quod habebant, tenebant et possidebant ex suo conquestu, ut dicebant, situm versus Maresia inter vineam Sancte Katherine et vineam Sancti Lazari, nec non se et eorum quemlibet in solidum, omniaque bona sua mobilia et immobilia, presentia et futura ubicumque existencia et jurisdicioni nostre curie supponentes, renunciantesque in solidum per dictam fidem omni excepcioni doli, mali, copie presenti instrumenti, beneficio divisionis, et specialiter dicta mulier beneficio Welleyani senatusconsulti, eidem a nobis diligenter exposito gallice quid dicitur per nomen et alii juri in favorem mulierum introducto. Rasuras que tales sunt tali pacto manum et superlienare in solidum approbamus. Datum anno Domini Mᵒ CCᵒ octagesimo octavo, die veneris ante Cathedram sancti Petri; qua die dicte partes coram nobis recognoverunt medietatem calmorum provenientium ex dictis terris quolibet anno dictorum novem annorum debere habere et percipere dictos tradentes et eorum successores, et predictos conjuges aliam medietatem. Datum ut supra.

VIII.

De vij. arpens de terre de Perrenele la Hermande, et i a une autre lettre, qui est un nonbre de X, et parle de iiij. arpens de ladite Perrenele, et sont ensanble ces ij. lettres.

(17 janvier 1289.)

Universis presentes litteras inspecturis officialis curie archidiaconi Parisiensis salutem in Domino. Noveritis quod coram nobis constituta Petronilla dicta la Hermande, vidua relicta defuncti Garneri Parvi junioris, civis quondam Parisiensis, attendens devocionem quam ipsa habebat erga magnam Confratriam beate Marie, coram nobis eidem Confratrie et confratribus ejusdem presentibus et futuris in ea ad opus ipsius Confratrie dedit, contulit et concessit, ex nunc perpetuo, donatione facta legitime inter vivos sine spe revocandi in elemosinam perpetuam pro suo et parentum suorum anniversario a dictis confratribus annuatim perpetuo post obitum ipsius Petronille faciendo Parisius intra muros in ecclesia in cujus cimiterio fuit inhumata, septem arpenta terre arabilis, que dicebat se habere in una pecia sita prope Parisius extra portam Muntis Martirum, inter terram Johanne, uxoris Michaelis de Porchervilla et terram defuncti Odonis Pizdoe, contingua in bucco chemino Montis Martirum. Quorum septem arpentorum terre quinque arpenta sunt in censiva Confratrie predicte onerata in quinque solidos capitalis census eidem Confratrie debitis et duo arpenta in censiva domini episcopi onerata in duobus solidis capitalis census eidem domino episcopo solvendis, ut dicebat. Tali condicione in hujusmodi donatione, ut dicebat, adjecta quod dicti confratres eidem Petronille, quamdiu ipsa solummodo vixerit, reddere teneantur annuatim in festo beati Andree, in domo ejusdem Petronille Parisius intra muros, decem et octo sextarios bladi annue pensionis ad mensuram parisiensem et ad valorem melioris bladi, quod vendetur in mercato Parisius duodecim denarios minus de sextario, ita quod ipsa Petronilla sublata de medio, dicti confratres et Confratria a prestacione et solucione dictorum decem et octo sextariorum bladi annue pensionis quiti remaneant penitus et immu-

5

nes. Cedens ipsa Petronilla dicte Confratrie et confratribus ejusdem, ad opus ipsius Confratrie, ac penitus transferens in eos quicquid juris dominii, possessionis, proprietatis et actionis realis et personalis, utilis et directe sibi competebat et competere poterat in dictis septem arpentis terre, nichil juris vel actionis sibi vel suis heredibus de cetero retinendo in eisdem, salvis tamen sibi, quamdiu ipsa vixerit, dictis decem et octo sextariis bladi annue pensionis sibi a dictis confratribus, ut dictum est, persolvendis. Et promisit ipsa Petronilla, fide in manu nostra prestita corporali, quod contra donationem hujusmodi vel premissorum aliquod non veniet per se vel per alium jure aliquo in futurum, et quod ipsa dicta septem arpenta terre, prout se comportant, sub onere dictorum capitalium censuum, sine alio onere vel obligatione garantizabit, liberabit et defendet suis sumptibus et expensis in judicio et extra dicte Confratrie et confratribus ejusdem ad opus ipsius Confratrie, quandocumque opus fuerit contra omnes, salvis tamen sibi quamdiu vixerit decem et octo sextariis bladi annue pensionis supradictis, se et heredes suos et omnia bona sua et heredum suorum mobilia et inmobilia presencia et futura pro hujusmodi garandia sic ferenda et aliis premissis firmiter servandis, obligando ac renunciando in hoc facto sub prestita fide vis doli et in factum exepcionibus omni lesioni, circonventioni et rei sic non geste, omnique juris auxilii cerciorata in predictis. In cujus rei testimonium sigillum curie nostre presentibus litteris duximus apponendum. Datum anno Domini M° CC° octogesimo octavo, die lune post octabas Epyphanie Domini.

IX.

De xij. sols de cens en la rue de Marderel, outre la porte Nicholas Erode, en nostre segneurie[1].

(Juillet 1279.)

Universis presentes litteras inspecturis .. officialis curie Parisiensis salutem in Domino. Noveritis quod in nostra presentia

---

1. En marge : « Et la lettre de xxx. soit mise avec celle de ix.; — et la tient de Boveire le charon des Hales. »

constituti Odoardus dictus Pungens asinum, civis Parisiensis, et Isabellis, ejus uxor, asseruerunt quod confratres magne Confratrie beate Marie Parisiensis et ipsa Confratria habebant in eorum terra ac dominio possidebant quandam plateam sitam Parisius, extra portam Nicolai Arrodis, in vico de Merderel, contingam ex una parte grangie magistri Roberti de Diepa et platee dictorum Odardi et ejus uxoris, se protendentis usque ad calceyam vici Nicolai Arrodis ex alia, ut dicebant. Quam siquidem plateam predictam, prout se comportat cum suis pertinenciis dicti Odardus et ejus uxor recognoverunt coram nobis se ad censum seu redditum annuum recepisse a rectore ecclesie Sancti Petri Arsiciis Parisiensis, abbate dicte Confratrie, Thoma de Sancto Benedicto, cive Parisiensi, ejusdem Confratrie preposito, et Johanne Apothecario, dicte Confratrie decano, ac capitulo seu confratribus dicte Confratrie pro duodecim solidis paris. census seu etiam annui redditus a ministris et confratribus dicte Confratrie ac eorum successoribus in ea, seu capitulo ejusdem, percipiendis annuatim imperpetuum et eis persolvendis super dicta platea ascensata et super alia dictorum Odardi et ejus uxoris platea predicta, prout se comportat, et super utraque ipsarum platearum in solidum et earum pertinenciis seu edificiis inibi processu temporis existentibus duobus terminis, scilicet sex solidos ad festum sancti Remigii et sex solidos ad Pascha, primo termino ad instans festum sancti Remigii incipiente, ut dicebant. Quos duodecim solidos census ipsi Odardus et ejus uxor promiserunt fide prestita corporali, sicut predictum est, imposterum soluturos et ad eos sic imposterum solvendos et ut dictum est deinceps percipiendos ipsi Odardus et ejus uxor dictam eorum plateam, prout se comportat, et protendit in longo et lato, ex nunc perpetuo onerarunt ad quoscumque devenerit possessores et etiam obligaverunt cum omnibus ipsius platee pertinenciis et edificiis processu temporis existentibus in eadem, promittentes, juramento prestito coram nobis, se premissa inviolabiliter servaturos et contra in aliquo non venturos. In cujus rei testimonium sigillum curie Parisiensis presentibus litteris duximus apponendum. Datum anno Domini M° CC° LXX° nono, mense julii.

X.

Vente, par Perrenelle la Hermande, à la Grande Confrérie Notre-Dame de quatre arpents de terres labourables, sises hors la Porte Montmartre [1].

(9 novembre 1291.)

Universis presentes litteras inspecturis .. officialis curie Parisiensis salutem in Domino. Noveritis quod coram nobis constituta Petronilla dicta la Hermande, relicta defuncti Garneri Parvi junioris, civis quondam Parisius, asseruit quod ipsa ex sua hereditate possidebat et habebat quatuor arpenta terre arabilis quinta parte minus, sita in una pecia juxta Parisius extra Portam Montis Martirum prope Maresia, inter terram hospitalis Sancte Katherine Parisiensis et terram magne Confratrie beate Marie Parisius, in censiva ejusdem Confratrie, onerata in universo in quatuor solidis capitalis census solummodo, ut dicebat. Que siquidem quatuor arpenta terre predicta, prout se comportant, quinta parte eorum dumtaxat exepta, dicta Petronilla recognovit coram nobis se vendidisse et nomine vendicionis ex nunc perpetuo quitavisse et concessisse Thome dicto de Sancto Benedicto, draperio, civi Parisiensi, preposito dicte Confratrie, ementi vice et nomine ejusdem Confratrie ac confratrum ejusdem presencium et futurorum, pro precio quinquaginta librarum paris., jam ipsi venditrici a dicto Thoma, nomine dicte Confratrie et ipsius confratrum soluto in peccunia numerata, ut confessa fuit coram nobis, excepcioni non numerate et non recepte pecunie renunciando per fidem; cedens dicte Confratrie et confratribus ejusdem quicquid juris, dominii, possessionis, proprietatis et actionis ipsi Petronille competebat et competere poterat in dictis quatuor arpentis terre et pertinentiis eorum nichil juris vel actiones sibi vel suis heredibus in eis de cetero retinendo. Et promisit ipsa Petronilla, fide in manu nostra prestita corporali sponte, quod contra vendicionem et quitationem hujusmodi vel premissorum aliquod non veniet per se vel per alium jure aliquo in futurum. Immo dicta quatuor arpenta terre, prout se comportant, cum

---

1. En marge : « Ista littera est cum littera VIII. »

eorum pertinentiis, quinta parte eorum, ut dictum est exepta, quita ab omni onere, impedimento et obligatione, preterquam de dictis quatuor solidis capitalis census, quinta parte ipsius census excepta, garantizabit, liberabit et defendet suis sumptibus et expensis in judicio et extra dicte Confratrie et confratribus ejusdem, quandocumque opus fuerit, perpetuo contra omnes. Et pro hujusmodi recta garandia sic ferenda, ipsa Petronilla se et heredes suos et omnia bona sua et heredum suorum mobilia et inmobilia presencia et futura, ubicumque sint et potuerint inveniri, predicte Confratrie et ipsius confratribus obligavit et se quantum ad hec jurisdicioni curie Parisiensis supposuit. In cujus rei testimonium sigillum curie Parisiensis duximus hiis litteris apponendum. Datum anno Domini M° CC° nonagesimo primo, die veneris ante festum hyemale beati Martini.

XI.

Don du droit de quint par Perrenelle la Hermande à la Grande Confrérie sur les terres vendues par l'acte précédent.

(7 octobre 1292.)

Universis presentes litteras inspecturis .. officialis curie Parisiensis salutem in domino. Noveritis quod coram nobis constituta Petronilla dicta la Hermande, relicta defuncti Garneri Parvi junioris, civis quondam Parisiensis, attendens, ut dicebat, devocionem quam ipsa habebat erga magnam Confratriam beate Marie Parisiensis et confratres ipsius Confratrie, dedit coram nobis et ex nunc perpetuo contulit et concessit eidem Confratrie et confratribus ejusdem, donatione facta legitime inter vivos, in puram et perpetuam elemosinam, quintum seu quintam partem quatuor arpentorum terre arabilis, que dicebat se habere ex sua hereditate, sita juxta Parisius in una pecia extra Portam Montis Martirum prope Maresia, inter terram hospitalis Sancte Katherine Parisiensis et terram dicte Confratrie, in censiva Confratrie ejusdem, onerata in quatuor solidis capitalis census solummodo, ut dicebat; cedens eidem Confratrie et confratribus ejusdem ac penitus ex nunc transferens in eos omne jus et dominium, omnem pocessionem, proprietatem et omnes actiones, que ipsi Petronille competebant et competere poterant in quinto seu quinta parte

quatuor arpentorum terre predictorum. Et promisit ipsa Petronilla, fide in manu nostra prestita sponte corporali, quod contra
donationem hujusmodi vel premissorum aliquod non veniet per
se vel per alium jure aliquo in futurum, nec in dicta quinta
parte dictorum quatuor arpentorum terre aliquid juris de cetero
reclamabit, immo ipsam quintam partem dictorum quatuor
arpentorum terre, prout se comportat, quitam ab omni onere,
impedimento et obligacione, preterquam de sua rata dicti capitalis
census, garantizabit, liberabit et defendet suis sumptibus et expensis in judicio et extra dicte Confratrie et confratribus ejusdem,
quandocumque opus erit, contra omnes se et heredes suos, et
omnia bona sua mobilia et immobilia, presentia et futura pro
hujusmodi recta garandia sic ferenda et dicta donatione firmiter
servanda dicte Confratrie et ejus confratribus, obligando et juridictioni Parisiensis curie supponendo. In cujus rei testimonium
sigillum curie Parisiensis duximus hiis litteris apponendum.
Datum anno Domni M° CC° nonagesimo [secundo][1], die martis
post festum sancti Remigii.

XII.

Vente, par Adam Madelinier, à la Grande Confrérie Notre-Dame de
20 sous parisis de cens annuel sur la moitié d'une maison sise en
face Saint-Barthélemy[2].

(6 juin 1274.)

Universis presentes litteras inspecturis .. officialis curie Parisiensis salutem in Domino. Notum facimus quod coram nobis
constitutus Adam Madelinarius, civis Parisiensis, et coram
Matheo dicto Gonlin et Gaufrido dicto de Sancto Mederico, clericis nostris juratis, ad hoc a nobis specialiter destinatis, quibus
fidem adhibemus, constituta Petronilla, uxor ejusdem Ade,
infirma corpore, sana mente, ut prima facie apparebat, asseruerunt et recognoverunt in jure, videlicet dictus Adam coram nobis
et dicta Petronilla coram dictis clericis, se vendidisse, concessisse

---

1. Le mot *primo* a été ajouté postérieurement, mais il faut évidemment
lire : *secundo.*

2. En marge : « Septe rente fu escha[n]gé du Roy sur la bouete des
Hales. »

et quittasse imperpetuum magne Confratrie beate Marie Parisiensis vinginti solidos paris. annui census seu redditus, quos dicebant se habere et percipere annis singulis quatuor terminis Parisius consuetis super medietate cujusdam domus site Parisius ab oppositis ecclesie Sancti Bertholomei, inter domum presbiteri ejusdem ecclesie et domum que fuit quondam defuncti Nicholay de Andeliaco, in censiva domini Francie regis, ut dicebant, pro quatuordecim libris et sexdecim solidis paris. jam sibi solutis in peccunia numerata, ut confessi sunt dictus Adam coram nobis et dicta Petronilla coram clericis supradictis, excepcioni non numerate, non tradite et non recepte dicte peccunie renunciando penitus in hac parte. Promittentes, fide prestita corporali, videlicet a dicto Adam in manu nostra et a dicta Petronilla in manibus dictorum clericorum, quod contra vendicionem, concessionem et quittationem predictas jure hereditario, ratione doarii, conquestus aut donationis propter nupcias, vel alio quoquo jure communi vel speciali, per se vel per alium, non venient in futurum, et quos predictos vinginti solidos paris. annui census seu redditus habendos, levandos et percipiendos a dicta confratria seu a procuratibus ejusdem annis singulis terminis predictis super medietate tocius domus predicte garantizabunt, liberabunt et defendent dicte Confratrie ejusque procuratoribus seu provisoribus in judicio et extra judicium, quocienscumque et quandocumque opus fuerit, ad usus et consuetudines Parisienses, contra omnes, nec non et quod solvent dicte Confratrie vel ejus procuratoribus seu provisoribus sexaginta solidos paris., nomine pene, cum rectis omnibus constamentis que procurator dicte Confratrie faceret, si dicta vendicio retracta fuerit vel evicta. Et pro recta garandia ferenda et pena, si committatur, solvenda prenominatus Adam coram nobis et dicta Petronilla coram dictis clericis obligaverunt in solidum dicte Confratrie ejusque procuratoribus et provisoribus viginti solidos paris. annui census, quos dicebant se habere et percipere annuatim, quatuor terminis Parisius consuetis, super domo Johannis Flamingi, que sita est Parisius, in magno vico, videlicet in Scutellaria, contigua domui Petri Fromondi ex una parte, et domui dictorum venditorum, ex altera, in censiva Sancte Oportune, ut dicebant. Nec non se et heredes suos et bona sua omnia, mobilia et immobilia, presentia et futura, ubicumque fuerint et poterunt inveniri, penitus et expresse juridictioni curie Parisiensis quantum ad hec se supposuerunt. Hec

autem omnia facta fuerunt et concessa a dicta Petronilla coram
dictis clericis, prout dicti clerici nobis retulerunt viva voce, et a
dicto Adam coram nobis, prout superius est expressum. In cujus
rei testimonium sigillum curie Parisiensis presentibus litteris
duximus apponendum. Datum anno Domini M° CC° septuagesimo quarto, die mercurii ante festum beati Bernabe apostoli,
mense junio.

XIII.

Vente, par la Grande Confrérie Notre-Dame, à Renaud Langlés
    d'une maison sise dans la rue des Arcs, moyennant une rente
    annuelle de 10 livres et 1 denier parisis[1].

(19 septembre 1286.)

Universis presentes litteras inspecturis .. officialis curie Parisiensis salutem in Domino. Notum facimus quod in nostra presencia constituti dominus Egidius de Lovancio, presbiter beneficiatus in ecclesia beate Marie Parisiensis, abbas, Thomas, dictus
Pizdoe, civis Parisiensis, prepositus, Johannes, dictus Comes, apothecarius, clericus decanus magne Confratrie Domine nostre, ac
provisores et administratores ejusdem Confratrie, ac dominus
Petrus de Latigniaco, grefferius dicte Confratrie, asseruerunt in
judicio coram nobis quod ipsi et alteri confratres ejusdem Confratrie habebant, tenebant et possidebant, nomine dicte Confratrie,
quandam domum ad dictam Confratriam pertinentem, sitam Parisius ultra Parvum pontem, in vico de Artubus, inter domum Thome
Ruffi et domum Galifridi Britonis, cerrevrarii, in censiva Confratrie supradicte, ut dicebant ministri et provisores predicti.
Quam siquidem domum, prout se comportat, ante et retro, longo
et lato, inferius et superius, cum omnibus et singulis ipsius
domus pertinentiis, prefati ministri et provisores ac predictus
grefferius, nomine Confratrie predicte et confratrum ejusdem,
pensata utilitate predicte Confratrie et confratrum ejusdem, recognoverunt in judicio coram nobis se adcensasse et nomine adcensacionis ex nunc perpetuo tradidisse, quitavisse et concessisse
Reginaldo Anglico, Gile ejus uxori, civibus Parisiensibus, et

---

1. En marge : « Mestre Estiene de Gian la tient et est apellée nouvele-
ment, avant qu'elle fust mestre Estiene, la maison a la Runge maillie. »

eorum heredibus pro decem libris paris. annui augmentati census seu perpetui redditus et uno denario paris. census capitalis,
habendis et percipiendis annis singulis imposterum super dicta
domo et ejus pertinenciis a predictis ministris et provisoribus ac
domino grefferio et eorum successoribus ministris et provisoribus
predicte Confratrie, quatuor terminis Parisius consuetis, redden-
disque et persolvendis imperpetuum annis singulis, modo predicto, predictis provisoribus et ministris ac grefforio et eorum
successoribus ministris et provisoribus predicte Confratrie a predictis Reginaldo, Gila ejus uxore, et heredibus eorumdem.
Promittentes predicti ministri et provisores ac grefferius, nomine
Confratrie predicte et confratrum ejusdem, fide data in manu
nostra, quod contra premissa vel aliquod de premissis, jure aliquo, per se vel per alium non venient in futurum, et quod predictam domum ad censum predictum, dumtaxat a[b]sque alio
onere vel obligatione, predictis Reginaldo, Gile ejus uxori, et
eorum heredibus garantizabunt, nomine quo supra, liberabunt
et defendent in judicio et extra judicium, sumptibus et expensis
dictorum confratrum et Confratrie predicte, ad usus et consuetudines ville Parisius, quocienscumque opus fuerit, contra omnes.
Obligantes nomine quo supra quantum ad premissa predictis
Reginaldo, Gile ejus uxori, et eorum heredibus se et eorum
successoribus ministros et provisores dicte Confratrie ipsamque
Confratriam et confratres ejusdem et omnia ipsius Confratrie
bona, mobilia et immobilia, presencia et futura, jurisdictionique
Parisiensis curie supponentes. Prefati vero Reginaldus et Gila
ejus uxor, coram nobis constituti, confitentes in judicio coram
nobis premissa vera esse et se predictam domum a predictis
ministris et provisoribus ac grefferio ad censum decem librarum
et unius denarii paris. recepisse, promiserunt, fide data in manu
nostra, se predictas decem libras et unum denarium census red-
diturum et soliturum annis singulis, modo et forma superius
declaratis, predictis ministris et provisoribus ac grefforio, ac
eorum successoribus ministris et provisoribus ac grefforio Confratrie predicte; necnon se positurum et implicaturum in melio-
ratione dicte domus tringinta duas libras paris. infra duos annos
a predicta presencium continue computandos. Pro qua meliora-
tione ponenda et implicanda a predictis conjugibus recipientibus
in predicta domo infra dictum terminum et aliis premissis ab
eisdem faciendis et compellendis, Laurencius de Gumis, cutela-

rius, et Aubertus Alemannus, tabernarius, coram nobis personaliter constituti, se fecerunt et constituerunt coram nobis, sponta-
nei, non coacti, pro dictis conjugibus et ad eorum requisicionem,
erga dictos ministros et provisores ac grefferium et eorum successores ministros et provisores ac grefferium dicte Confratrie, plegios
et principales positores et implicatores, quemlibet eorum in solidum, fide super hoc ab ipsis in manu nostra prestita corporali;
excepcioni doli, mali, beneficio divisionis et actioni dividende et
legi qua cavetur principalem prius fore conveniendum quam
intercessorem in hoc facto et per fidem coram nobis renunciando
penitus et expresse. Et pro premissis omnibus et singulis modo
predicto a predictis conjugibus firmiter tenendis, faciendis et
inviolabiliter observandis predicti Reginaldus, Gila ejus uxor,
Laurencius et Aubertus predictis ministris et provisoribus ac
grefforio eorumque successoribus ministris et provisoribus ac
grefforio Confratrie predicte, se quemlibet eorum in solidum et
heredes suos omniaque sua et heredum suorum bona, mobilia et
immobilia, presencia et futura, ubicunque sint et poterunt inveniri et ad quoscumque devenerint possessores, coram nobis obligaverunt et obligatos penitus reliquerunt, jurisdicionique Parisiensis curie cum omnibus bonis suis subjecerunt, ubicumque se
transferant vel divertant. In cujus rei testimonium sigillum
curie Parisiensis presentibus litteris duximus aponendum. Datum
anno Domini M° CC° octogesimo sexto, die jovis ante festum
beati Mathei apostoli.

XIV.

Vente, par Hébert d'Évry, à la Grande Confrérie Notre-Dame,
moyennant 11 livres parisis, de 24 sous parisis de cens annuel sur
une maison sise dans la rue Renaud-le-Harpeur[1].

(4 septembre 1271.)

Universis presentes litteras inspecturis .. officialis curie Parisiensis salutem in Domino. Notum facimus quod coram nobis

---

1. En marge : « Ceste lettre parle de xxiiij. s. de rente a l'abuvrouer
au conté de Macons, qui est a present a la fame Gautier le Barbier. Item
une autre lettre, qui n'est pas seigniée a se sein n'escrite en se livre. Item
le xiiij^{me} est avec ces ij. lettres. Item le xlj. lettre est avec cestes. »

constituti Hebertus dictus de Averiaco et Sedilia dicta la Blonde, ejus uxor, asseruerunt quod ipsi habebant, tenebant et possidebant, ac etiam percipiebant, ex donatione facta eidem Sedilie a Philipo dicto Poison, fratre ipsius mulieris, vinginti quatuor solidos paris. annui census seu redditus super quadam domo sita Parisius in vico Reginaldi dicti le Harpeur, contigua ex una parte domui Guillelmi dicti Nourrice, que quid[em] dom[us], super qua percipiuntur dicti vinginti quatuor solidi, est Galteri dicti Principis, ut dicebant, in censiva et dominio Civium Parisiensium, terminis qui secuntur, videlicet octo solidos paris. in Nativitate Domini, octo solidos in festo seu die Pasche, et octo solidos in festo Nativitatis beati Johannis Baptiste, annis singulis, ut dicebant. Quos siquidem viginti quatuor solidos annui census seu redditus paris. predicti Hebertus et Sedilia ejus uxor recognoverunt et confessi sunt in jure coram nobis se vendidisse et nomine vendicionis ex nunc imperpetuum quittavisse domino Petro dicto Parvo, beneficiato in Ecclesia Parisiensi et ejus heredibus et causam ab eis habituris pro undecim libris paris. jam eisdem venditoribus ab ipso emptore solutis in peccunia numerata, ut confessi sunt in jure coram nobis, excepcioni non numerate peccunie, non habite, non recepte et non solute, renunciando penitus et expresse. Et promiserunt dicti venditores, fide in manu nostra prestita corporali, quod contra vendicionem et quittacionem hujusmodi hereditario jure, ratione conquestus, dotis, dotalicii, donationis propter nupcias, aut alio quoquo jure communi vel speciali, per se aut per alium non venient in futurum; immo dictos viginti quatuor solidos paris. annui census seu redditus eidem emptori, ejus heredibus et causam ab eo habituris garantizabunt, liberabunt et defendent suis propriis sumptibus et expensis in judicio et extra judicium, ad usus et consuetudines Francie, quocienscumque opus fuerit, contra omnes. Pro qua garandia sic ferenda et pro sumptibus et expensis predictis solvendis iidem venditores eidem emptori, ejus heredibus et causam ab eo habituris se et heredes suos et omnia bona sua et heredum suorum, mobilia et immobilia, presencia et futura, ubicumque existencia in contraplegium obligaverunt et obligato reliquerunt. In cujus rei testimonium sigillum curie Parisiensis ad peticionem dictorum venditorum hiis litteris duximus apponendum. Datum anno Domini M° CC° septuagesimo primo, die veneris ante Nativitatem beate Marie virginis, mense septembris.

XV.

Cens perçus à Paris sur diverses maisons de la rue Saint-Christophe
par Guillaume de Ruel, chanoine de Saint-Géry de Cambrai.

(S. d.)

Universis presentes litteras inspecturis .. officialis curie Parisiensis salutem in Domino. Notum facimus quod constitutus coram nobis magister Guillelmus dictus de Ruella, dictus de Parisius, canonicus Sancti Gaugerici Cameracensis, asseruit quod ipse in franco allodio ex hereditate propria habebat, tenebat et percipiebat annis singulis, in festo sancti Martini hyemalis, super quibusdam domibus inferius nominatis, sitis Parisius in Civitate, in vico Sancti Christophori, census capitales infrascriptos, videlicet super domo, que quondam fuit Huberti de Edera, juxta quandam aliam . . . .
. . . .

INDEX ALPHABÉTIQUE[1].

---

1. La date du *mois* à la suite d'un nom renvoie au texte de l'OBITUAIRE (p. 19-48); les renvois aux articles du CENSIER (p. 48-52) sont en chiffres *arabes* et aux pièces du CARTULAIRE (p. 53-76) en chiffres *romains*.

Bigua (Floria), 4 mars.
Bigue (Adam), 12 sept.
Bigue (Johannes), præpositus Confratriæ, I, II, VII.
Bigue (Soror Guidonis), 20 août.
Blanche [de Castille], 20 nov.
Blenovel (Guillelmus), 12 août.
Blois (Bartholomæus), 10.
Blonde (Sedilia la), uxor Heberti de Averiaco, XIV.
Blondel (Guillelmus), 5 août.
Blondele (Johanna la), 13 août.
Bobus (Fulco de), presbyter, 10 juin.
Bordon (Engelranus), 38; — Joia, uxor, 38.
Boré (Petrus), capellanus sacræ Capellæ, 10 déc.
Boulgencia, uxor Nicolai de S. Benedicto, 2 janv. et 10 févr.
Bourdon (Johannes), draperius, 7 sept.
Bourdon (Simon), 13 mai.
Bouverius (Dionysius), lathomius, 23 janv.
Boveire le charon des Halles, IX.
Brissonis (Robertus), canonicus Palatii regis, 28 mars.
Brito. Euenus, 14 avril et 21 août; — Galeranus, 21 avril; — Galfredus, XIII; — Guido, 17 mars; — Guillelmus, 11 mars.
Brun (Antonius), 18 juin.
Buciaco (Nicolaa, uxor Simonis de), 29 mai.
Bursarius (Stephanus), 29 mars.
Buxy (Simon de), 8 mai.
Byevre (Fossa de), 28 juillet.
Byon (Philippus), 5 mai.

C. (Heredes domine de), 3 août.
Caligarius (Guiardus), II.
Cambiatoris (Hervinus), 1er oct.
Campus coinquinatus, 1; — *Campus Salomonis*, 24.
Caprosia (Johannes de), 9 août.
Caprosia (Reginaldus de), canonicus Capellæ Regis, 11 oct.
Carberoto (Radulphus de), presbyter, Brito, 26 juin.
Carnifex (Nicolaus), 6 juin.
Carnifex (Obices), 28.
Carolus. Voir Karolus.
Carvello (Guillelmus de), 11 mars.
Casse (Johannes), 20 déc., note.
Castello forti (Gervasius, comes de), 4.
Castello forti (Hugo de), 18.
Cauda (Johannes de), persona Sancti Boniti, 14 mars.
Cauda (Saverius, miles de), 6.
Cerarii, ou Corarii (Johannes), decanus Confratriæ, 13 avril et 11 sept.; — Jaquelina, uxor, 13 avril et 11 sept.

Cernaco Sancti Benedicti (Guillelmus, curatus de), 2 nov.
Cerniaco (Domina de), 3 août.
Certain (Guibertus de), canonicus S. Germani Antissiodorensis, physicus Regis, 28 juillet.
Chabrosa (Guido, miles de), 39.
Chagrin (Petrus), presbyter, 29 déc.
Chapelu (Johannes), 20 avril.
Charmoia (Almericus de), 29 avril.
Charroneria, 7 févr.
Chastelet (Vinea in loco dicto), 14.
Chavilla (Galterus de), 23 févr. et 10 juillet.
Chavilla (Guillelmus de), presbyter, grefferius Confratriæ, 13 août; I, II, V, VII.
Chenart (Johannes), præpositus Confratriæ, 14 mai.
Chopine (Petrus), 16 janv.
Christophori (Simon), 16 janv.
Civiliaco (Nicolaus de), 28 mai.
Clauso (Bertrandus de), canonicus Parisiensis, 16 févr.
Clerici (Petrus), 6 févr.
Cocatrix (Gaufridus), 3 sept.
Cocatrix (Jacobus), 7 oct.
Cocci (N.), curatus B. Petri de Arcisis, 5 juillet.
Coinsiaco (Guido, prior de), I.
Columbis (Johannes de), canonicus Parisiensis, 7 mars.
Comestor (Odo), 31; — Gilla, uxor, 31.
Comitis (Johannes), apothecarius, 14 juin; IX, XIII.
Coquatrix. Voir Cocatrix.
Coquillier, ou Coquilliarii (Petrus), 18 avril; — Margareta, uxor, 29 oct.
Coquus (Petrus), 3.
Corbie (Arnault de), chancelier de France, 20 nov.
Corderius (Rogerus), IV.
Costannus, 29.
Coti (Relicta Laurentii), II.
Courrat l'Alemant, ferron, V.
Crasseterius (Thomas), IV.
Creté (Johannes), canonicus sacræ Capellæ, 9 déc.
Cruisy (Johannes de), 16 avril et 15 oct.
Cytharida (Reginaldus), 33; XIV.

Daniel de Sancto Germano, presbyter, 29 mars.
Darenciaco (Joannes de), 15 et 25 mars.
Daugon (Guillaume), V.
Derien (Yvo), 11 juillet.
Diepa (Robertus de), IX.
Dionysia la Barbete, 4 janv.

Dionysia, uxor Guillelmi de Sancto Germano, advocati in Parlamento, 24 mars.

Dionysius Bouverius, lathomus, 23 janv.

Dionysius de Duclaro, ou Duno claro, canonicus Parisiensis, 13 et 22 nov.

Dompmartin (Gaufridus), 8 déc.

Dormanno (Johannes de), cardinalis, 7 nov.

Dot (Johannes), 26 juillet.

Douce (Maria la), ou la Doucete, uxor Nicolai Huideron, 13 mai et 2 oct.

Drouart (Vincentius), 22 févr.

Duaco (Johannes de), 27 oct.

Ducellier (Johanna), uxor Jacobi d'Andrie, 18 mars.

Ducellier (Maria), 17 oct.

Duclaro (Dionysius de), 13 et 22 nov.

Du Gué (Richardus), 14 déc.

Durans li Eschans, 30.

Duselier. Voir Ducellier.

Edera (Hubertus de), XV.

Egidius. Voir Ægidius.

Emelina, uxor Aloldi de Parvo ponte, 37.

Emelina Pongentis asinum, 16 déc.

Engelranus Bordon, 39.

Enseignes. Voir *Paris.*

Erarii (Jaquelina, uxor Johannis), 8 juin.

Erarii (Johannes), 8 juin.

Espernon (Simon d'), 20 janv.

Esperone (Johannes de), 2 août; — Jaquelina, uxor, 2 août.

Étienne de Besseville, ou Beuseville, IV.

Étienne de Gian, XIII. — Voir Stephanus.

Euenus Brito, Leonensis, beneficiatus capellæ Stephani Haudrici in Gravia, 14 avril, 21 août.

Evrardus, presbyter, 10 janv.; 2.

Fagot (Ægidius), clericus, 2 juillet.

Farfagnes, 42.

Ferrici de Paris (Curia), 2.

Ferricus, frater Philippi de Grevia, 8.

Fieffe (Guillelmus), 16 janv.

Fiusia, uxor Petri Palineu, 27 sept.

Flamenge (Johanna la), mater N. de Mauregart, 13 sept.

Flamingus (Johannes), XII.

Floria Bigua, 4 mars.

Floria, custuraria, relicta Petri Amourete, 20 déc., note.

Floriaco (Gaufridus de), 26 sept.

Fontanello, ou Fontaneto (Infirmi de), apud Vicenas, 38; — Leprosi de Fontaneto, 43.

Fontaneto (Guillelmus de), 10 nov.

Fotbertus Talemelarius, 21.

Fournier (Jacobus), consiliarius in Parlamento, 13 févr.

Fracis (Petrus de), 19 sept.

Francovilla (Odo de), curatus S. Benedicti, 10 mai.

Fresnel (Guillelmus), talliator pannorum, IV; — Orangia, uxor, IV.

Frogerii (Theobaldus), 24.

Fromondus (Petrus), XII.

Fulco de Bobus, presbyter, 10 juin.

Furno (Martinus de), 42.

G. Michaelis, 4 févr.

Galeranus, presbyter, 12 mai.

Galeranus Brito, presbyter de Domo Cecorum, 21 avril.

Galfredus Brito, cerrevrarius, XIII.

Gallardon (Johannes de), 14 déc.

Gallus (Radulphus), 33.

Galoiz (Ægidius), miles, 1ᵉʳ juin.

Galterus, camerarius Philippi regis, 33.

Galterus de Chavilla, 23 févr. et 10 juillet.

Galterus Popinus, 29.

Galterus Principis, XIV.

Garchiis (Guillelmus de), curatus ecclesiæ Sanctæ Genovefæ, 19 avril.

Garnerius de Sancto Johanne, curatus S. Martialis, 21 juin.

Garnerius de Sancto Lazaro, 25 nov.

Garnerius Parvus junior, VIII, X, XI.

Gaufridus Cocatrix, 3 sept.

Gaufridus de Dompmartin, 8 déc.

Gaufridus de Floriaco, 26 sept.

Gaufridus de Sancto Mederico, XII.

Gautier le Barbier, XIV.

Gentiani (Johannes), 10 nov.

Gervasius, comes de Castello forti, 4.

Gian (Estienne de), XIII.

Gibardi (Porta), VI.

Giemo (Guillelmus de), canonicus S. Aniani, 26 mai, 17 août et 20 déc.

Gilbertus, cellarius Regis, 25.

Gilbertus Plasterius, VII.

Gilbertus de Turre, canonicus Parisiensis, 23 déc.

Gilla, uxor Odonis Comestoris, 31.

Gilla, uxor Reginaldi Anglici, XIII.

Godefredus Pargamenarius, 19.

Gonlin (Mathæus), XII.

Gosquine (Maria la), relicta Stephani Baudry, 23 avril.

Gresse (Richarda la), 27 juillet.

Grevia (Amfredus, pater Philippi de), 9.

Grevia (Ferricus, frater Philippi de), 8.

Grevia (Philippus de), 7.
Guerinus, presbyter, 23 mai.
Guerinus (Johannes), 1er juin.
Guerni (Milo), capellanus ecclesiæ
S. Benedicti, 5 mai.
Guiardus Caligarius, alias de Sancto
Germano, II.
Guibertus de Certain, canonicus S.
Germani Antissiodorensis et physicus Regis, 28 juillet.
Guido Britonis, presbyter, 17 mars.
Guido, miles, de Chabrosa, 39.
Guido, prior de Coinsiaco, I.
Guido Maschart, 26.
Guido de Turre, 1.
Guillaume Daugon, V.
Guillaume (J.), 3 août.
Guillelmus, presbyter, 12 mai.
Guillelmus Anglici, presbyter, abbas
Confratriæ, 23 janv.
Guillelmus de Barris, 10 et 16 nov.
Guillelmus le Bescot, 2 oct.
Guillelmus Blenovel, 12 août.
Guillelmus Blondel, 5 août.
Guillelmus, Brito, de Carvello,
11 mars.
Guillelmus, curatus de Cernaco Sancti
Benedicti, 2 nov.
Guillelmus de Chavilla, presbyter,
grefferius Confratriæ, 13 août ; I,
II, V, VII.
Guillelmus Fieffe, 16 janv.
Guillelmus de Fonteneto, 10 nov.
Guillelmus Fresnel, talliator pannorum, IV.
Guillelmus de Garchiis, curatus ecclesiæ Sanctæ Genovefæ, 19 avril.
Guillelmus de Giemo, canonicus S.
Aniani, 26 mai, 17 août et 20 déc.
Guillelmus Harchet, ou Harchier, 36.
Guillelmus de Lorris, presbyter,
20 févr., 5 oct.
Guillelmus Mathey, 8 sept.
Guillelmus de Montemorenciaco, succentor Parisiensis, 26 juillet.
Guillelmus Nourrice, XIV.
Guillelmus Pongentis asinum vetus,
14 janv.
Guillelmus Poinglane junior, 1er juillet.
Guillelmus de Ruella, dictus de Parisius, canonicus S. Gaugerici Cameracensis, XV.
Guillelmus de Sancto Germano, advocatus in Parlamento, 24 mars.
Guillelmus de Vernone, caligarius, II.
Guillemeta de Laigny, 22 juillet.
Gumis (Laurentius de), XIII.

Hannequart (Hannequinus), pelliparius, 1er févr.

Harcherus, ou Hargerus Matricularius, 32.
Harchet, ou Harchier (Guillelmus),
36.
Haudrici (Johannes), draperius,
14 août; — Maria, uxor, 9 nov.
Haudrici (Stephanus), draperius,
29 mai; — Johanna, uxor, 7 janv.;
— Maria, uxor, 28 févr.
Haudrici (Hospitale Stephani), in
Gravia, 7 janv. et 29 mai.
Hebertus de Averiaco, XIV.
Hedera (Hubertus de), XV.
Hemericus de Magnaco, episcopus
Parisiensis et cardinalis, 9 avril.
Henri le Barbier, V.
Henricus, presbyter B. Mariæ Magdalenæ, abbas Confratriæ, I, II, VII.
Henricus, rector Sancti Judoci,
26 mars.
Henricus le Thyais, canonicus capellæ episcopi, 27 janv.
Heremite (Oudardus), presbyter beneficiatus B. Germani Antissiodorensis, 8 août.
Hermande (Johanna la), 3 févr.; VII.
Hermande (Petronilla la), vidua Garneri Parvi junioris, VIII, IX, XI.
Hermans, 24.
Herveus, presbyter, 23 mai.
Hervinus Cambiatoris, 1er oct.
Hilarius, filius Galteri, camerarii
Philippi regis, 33.
Hispanus (Johannes), 18 août.
Hochecorne (Petrus), 16 janv.
Houdeardus (Johannes), 5 déc.
Hubertus de Edera, XV.
Hugo de Castello forti, 18.
Hugo, clericus vel presbyter, 10 et
16 nov.
Hugo, presbyter B. Mariæ Magdalenæ, 10 nov.
Hugo Strabo, 14.
Huideron (Nicolaus), 13 mai; — Maria la Douce, uxor, 13 mai.
Hungerius, 13.
Hylarius, filius Galteri, camerarii
Philippi regis, 33.
Hyspanus (Johannes), 18 août.

Imbert le Fournier, III.
Insulis (Petrus de), 28 juin.
Isabella, uxor Petri d'Aucans, 26 nov.
Isabella, uxor Johannis de Sancto
Benedicto, 22 sept.
Isabellis, uxor Simonis Marcelli,
22 juin.
Isabellis, uxor Andreæ Poinglane,
9 sept.
Isabellis, uxor Odoardi Pungentisasinum, IX.
Isabellis de Trembleyo, 1er déc.

Issiaco (Johannes de), canonicus S. Germani Antissiodorensis, 3 juillet. *Ivri*, 7-9.

J. Guillaume, 3 août.
J. Le Grant, 3 août.
J. de Rougemont (Uxor), 14 nov.
Jacques Alaire, V.
Jacobus d'Andrye, præsidens Parlamenti, 22 févr.
Jacobus Apothecarius, 1er mars; III.
Jacobus Coquatrix, 7 oct.
Jacobus Fournier, consiliarius in Parlamento, 13 févr.
Jacobus de Paciaco, 8 oct.; — uxor Jacobi de Paciaco, 14 août.
Jaquelina, uxor Johannis Cerarii, ou Corarii, 13 avril et 11 sept.
Jaquelina, uxor Johannis Erarii, 8 juin.
Jaquelina, uxor Johannis de Esperone, 2 août.
Jean et Joannes. Voir Johannes.
Johanna la Blondele, 13 août.
Johanna Duselier, uxor Jacobi d'Andrie, præsidentis in Parlamento, 18 mars.
Johanna la Flamenge, mater N. de Mauregart, 13 sept.
Johanna, uxor Guillelmi de Vernone, caligarii, II.
Johanna, uxor Stephani Haudrici, 7 janv.
Johanna la Hermande, 3 févr.; VII.
Johanna, uxor Roberti Lescrivain, 18 juin.
Johanna la Maillarde, 13 juillet.
Johanna la Marcele, 27 avril et 21 sept.
Johanna, uxor Johannis Medici, 19 mai.
Johanna, uxor Michaelis de Porcherville, VIII.
Johanna, uxor Stephani Lemovicensis, 27 févr.
Johannes, nepos episcopi, 30.
Johannes des Angles, 9 août.
Johannes Comitis, apothecarius, 14 juin; IX, XIII.
Johannes l'Arbalestier, 15 sept.
Johannes le Bescot, canonicus Parisiensis, 2 oct.
Johannes Bigue, præpositus Confratriæ, I, II, VII.
Johannes Bourdon, draperius, 7 sept.
Johannes de Caprosia, 9 août.
Johannes Casse, 20 déc., note.
Johannes de Cauda, persona Sancti Boniti, 14 mars.
Johannes Cerarii, ou Corarii, decanus Confratriæ, 13 avril et 11 sept.

Johannes Chapelu, 20 avril.
Johannes Chenart, præpositus Confratriæ, 14 mai.
Johannes de Columbis, canonicus Parisiensis, 7 mars.
Johannes Creté, canonicus sacræ Capellæ, 9 déc.
Johannes de Cruisy, ou Cruysy, 16 avril et 15 oct.
Johannes de Dormanno, cardinalis, 7 nov.
Johannes Dot, 26 juillet.
Johannes de Duaco, 27 oct.
Johannes Erarii, 8 juin.
Johannes de Esperone, 2 août.
Johannes Flamingus, XII.
Johannes de Gallardon, 14 déc.
Johannes Gentiani, 10 nov.
Johannes Guerini, 1er juin.
Johannes Hauderici, draperius, 14 août.
Johannes Hispanus, 18 août.
Johannes Houdeardus, 5 déc.
Johannes de Issiaco, canonicus S. Germani Antissiodorensis, 3 juillet.
Johannes de Lagniaco, 22 juillet.
Johannes Lupi, succentor ecclesiæ Parisiensis, 7 févr. et 18 oct.
Johannes Marcelli, draperius, 10 avril, 11 juin et 12 juillet.
Johannes le Marchant, 26 avril.
Johannes do Marchés, de Balneolo, 34.
Johannes Marine, curatus S. Genovefæ parvæ, 7 août et 11 déc.
Johannes Medici, 21 août.
Johannes de Meldis, 18 nov.
Johannes de Montecabilonis, 15 sept.
Johannes Morinus, presbyter, 15 avril.
Johannes de Paciaco, receptor de l'Isle, 3 août et 24 nov.
Johannes Peregrinus, aurifaber, 18 nov.
Johannes de Pinu, curatus S. Benedicti Beneversi, 16 janv. et 13 avril.
Johannes Poinglane, 9 sept.
Johannes Richart, capellanus sacræ Capellæ, 2 mai.
Johannes Rouget, 8 août.
Johannes de Rubeomonte, et uxor, 30 et 31 oct.
Johannes de Ruolio, magister computorum Regis, 24 sept.
Johannes de Sancto Andrea, 29 mars.
Johannes de Sancto Benedicto, 24 août et 8 sept.
Johannes, presbyter Sancti Michaelis, 9 mars.
Johannes Tabari, episcopus Morinensis, 5 mars.
Johannes Tibodi, 1er juillet.

Jean Tousé, V.
Johannes de Ulmo, canonicus Sanctæ
    Opportunæ, 12 juin.
Johannes de Val-Richier, 23 juillet.
Johannes de Valibus, rector ecclesiæ
    S. Eustachii, 11 avril.
Joia, uxor Engelrani Bordon, 38.

Karolus V, rex Franciæ, 15 mars et
    16 sept.
Karolus de Sancto Benedicto, 15 juin.

Laigny (Guillemeta de), 22 juillet.
Lagniaco (Johannes de), 22 juillet.
L'Ai, 19, 20.
L'Alemant (Courrat), ferron, V.
Lambertus, paniparius Regis, 41.
Landis (Berthaudus de), 8 avril.
L'Arbalestier (Johannes), 15 sept.
Lars (Domus sita en), contigua do-
    mui Confratriæ, 36.
Latigniaco (Petrus de), XIII.
Laugere (Maria), 27 oct.
Laurentii Coti (Relicta), II.
Laurentius de Gumis, cutelarius,
    XIII.
Le Barbier (Gautier), XIV.
Le Barbier (Henri), V.
Le Bescot. Voir Bescot.
Le Blanc (Michael), 21 févr.
Le Fournier (Imbert), III.
Le Grant (J.), 3 août.
Le Marchant (Johannes), 26 avril.
Lemovicensis (Michael, diaconus),
    9 juillet.
Lemovicensis (Stephanus), 27 févr.;
    — Johanna, uxor, 27 févr.
Lescrivain (Johanna, uxor Roberti),
    18 juin.
Le Thyais (Henricus), canonicus ca-
    pellæ episcopi, 27 janv.
Li Eschans (Durans), 30.
Lombardus (Poncius), I.
Lorris (Guillelmus de), presbyter,
    20 févr. et 5 oct.
Losche (Anselmus), capicerius S. Ste-
    phani de Gressibus, 20 nov.
Lovancio (Ægidius de), beneficiatus
    B. Mariæ Parisiensis, abbas Con-
    fratriæ, XIII.
Ludovicus Raguier, episcopus Tre-
    censis, 28 mars.
Lupi (Johannes), succentor Ecclesiæ
    Parisiensis, 7 févr. et 18 oct.

Madelinarius (Adam), XII; — Petro-
    nilla, uxor, XII.
Magdalena (Renardus de), 20 janv.
Magnaco (Hemericus de), episcopus
    Parisiensis, cardinalis, 9 avril.
Maheu, ou Mahi Renart, 35. — Voir
    Mathæus.

Maillarde (Johanna la), 13 juillet.
Malcion. Voir Maucion.
Marcel (Famille) : Agnes, uxor Petri
    senioris, 15 mai, 28 juin; — Isa-
    bellis, uxor Simonis, 22 juin; —
    Johanna, 27 avril et 21 sept.; —
    Johannes, draperius, 19 avril,
    11 juin et 12 juillet; — Maria, uxor
    Johannis, 19 avril et 12 juillet; —
    Petrus senior, 18 juin; — Simon,
    2 mars.
Marchés (Johannes do), de Balneolo,
    34.
Mareschalus (Baudetus), 16 janv.
Margareta, concergia, VI.
Marguerite, femme d'Etienne de Bes-
    seville, ou Beuseville, V.
Margareta, uxor Petri Coquillarii,
    29 oct.
Margareta, uxor Petri de Ordeo-
    monte, 23 juin.
Margareta la Petite, uxor Guillelmi
    Poinglane junioris, et Johannis
    Tibodi, 1er juillet et 28 août.
Margareta de Sancto Christophoro,
    5 nov.
Maria la Douce, ou la Doucete, uxor
    Nicolai Huideron, 13 mai et 2 oct.
Maria Ducellier, 17 oct.
Maria la Gosquine, relicta Stephani
    Baudry, 23 avril.
Maria, uxor Johannis Haudrici, 9 nov.
Maria, uxor Lamberti, paniparii
    Regis, 41.
Maria, uxor Stephani Haudry, 28 févr.
Maria Laugere, 27 oct.
Maria, uxor Johannis Marcelli, 19 avril
    et 12 juillet.
Maria la Rigote, 7 mai.
Maria, uxor Simonis de S. Benedicto,
    16 janv.
Marine (Johannes), curatus Sanctæ
    Genovefæ parvæ, 7 août et 11 déc.
Martinus de Furno, 42.
Maschart (Guido), 26.
Mathæus Gonlin, XII.
Mathæus Trenel, 37. — Voir Maheu.
Mathey (Guillelmus), 8 sept.
Matricularius (Harcherus), 22.
Matricularius (Philippus), 23 sept.
Maucion, 11 févr.
Maucion (Stephanus), 5 août.
Maupas (Stephanus), 16 mars.
Mauregart (Johanna la Flamenge,
    mater N. de), 13 sept.
Medici (Johannes), 21 août; — Jo-
    hanna, uxor, 19 mai.
Medici (Nicolaus), 14 déc.
Megret (Simon), procurator Confra-
    triæ et canonicus S. Honorati,
    24 mai.
Meldis (Johannes de), 18 nov.

Mibrae, quod vocatur Chareton, 37.

Michael de Arenciaco, ou Darenciaco, 15 et 25 mars.

Michael, diaconus Lemovicensis, 9 juillet.

Michael Le Blanc, 21 févr.

Michael de Porcheville, VIII.

Michael de Sancto-Mederico, 17 juillet.

Michaelis (G.), 4 févr.

Michaelis (Petrus), 2 mars.

Milo, presbyter S. Germani Veteris, 16 août.

Milo Guerni, capellanus ecclesiæ S. Benedicti, 5 mai.

Molin Bernier, 30.

Mons Martyrum, VII, VIII, X, XI.

Montecabilonis (Johannes de), 15 sept.

Montefirmolio (Radulphus de), 5 août.

Montemorenciaco (Guillelmus de), succentor Parisiensis, 26 juillet.

Montlehery, ou Monlieri, ou Molieri (Tybertus de), 27, 40.

Morinus (Johannes), presbyter, 15 avril.

Mullac (Robertus de), 17 juillet.

N. Alory, 3 août.

N. Cocci, curatus B. Petri de Arcisis, 5 juillet.

N. de Mauregart, 13 sept.

Nicolaa, uxor Simonis de Buciaco, militis, consiliarii Regis, 30 mai.

Nicolaa, uxor Radulphi d'Ocans, 1er avril.

Nicolaus de Andeliaco, XII.

Nicolaus Arrode, 11 août; — Porta Nicolai Arrodis, IX.

Nicolaus Carnificis, 6 juin.

Nicolaus de Civiliaco, 28 mai.

Nicolaus Huideron, 13 mai.

Nicolaus Medici, 14 déc.

Nicolaus Pagant, 1er févr.

Nicolaus de Pasiaco, 19 sept.

Nicolaus de Sancto Benedicto, draperius, 2 janv. et 10 févr.

Nicolaus de Villamaris, canonicus Parisiensis, 11 mai.

Niju, 24, 40.

Nourrice (Guillelmus), XIV.

Nuelli, 24.

Obices Carnifex, 28.

Ocans (Petrus d'), 26 nov.; — Isabella, uxor, 26 nov.

Ocans (Radulphus d'), 1er avril et 26 nov.; — Nicolaa, uxor, 1er avril.

Ocans. Voir Ursicampus.

Odo Comestor, 31.

Odo de Francovilla, curatus S. Benedicti, 10 mai.

Odo Pizdos, VII, VIII.

Odo de Sancto Germano, presbyter, 13 mars.

Odoardus, ou Odardus Pungentis asinum, IX.

Ogerius (Petrus), præpositus Confratriæ, 25 oct.

Ogerius (Philippus), consiliarius in Camera computorum, 2 mars.

Oissery (Perronnella d'), 1er juin.

Orangia, uxor Guillelmi Fresnel, IV.

Ordeomonte (Petrus de), et Margareta uxor, 23 juin.

Oudardus Heremite, presbyter beneficiatus B. Germani Antissiodorensis, 8 août.

Paciaco (Jacobus de), 8 oct.; — uxor Jacobi de Paciaco, 14 août.

Paciaco (Johannes de), receptor de l'Isle, 3 août et 24 nov.

Paciaco (Nicolaus de), 19 sept.

Paciaco (Petrus de), decanus Parisiensis, 28 févr., 10 oct. et 20 nov.

Paciaco (Radulphus de), 12 oct.

Pagant (Nicolaus), 1er févr.

Palineu (Petrus), 27 sept.; — Fiusia, uxor, 27 sept.

Pargamenarius (Godefredus), 19.

Paris. Enseignes : Archangeri (Domus), 11; — ad Barbam auream, 16 janv.; — ad intersignum du Berseul, 1er févr.; — ad signum Dalphini, 24 sept.; — ad intersignium de l'Escrevice, 15 avril; — ad Florem lilii, 16 janv.; — de la Goutiere de pierre, 24 sept.; — Marmosetorum (Domus), 10 janv.; — ad signum Pavonis, 1er avril, 26 et 29 nov.; — ad signum Poti de Stanno, 9 juillet; — à la Runge Maillie, XIII; — ad Salmonem, 16 janv.; — ad imaginem Sancti Christophori, 24 sept.; — ad Scutum Britanniæ, 16 janv.; — ad Scutum Francie, 23 janv., 3 juillet; — ad intersignium Stelle, 2 juillet; — ad intersignium Urcy et Leonis, 7 mars; — ad signum d'un Y grigoys, 1er juin.

Rues : de Arcubus, XIII; — au Bourdevois, 18 juin; — de Byesvre, 26 avril, 28 juillet; — Cithare (voir Harpe); — aus Commanderesses, 22 février; — de la Galendre, 2 octobre; — Cithare, vel Harpe, 16 janv., 1er et 4 févr.; — de Fridigo Mantello, IV; — de la Haumerie, 24 mars; — de Hucheta, 1er avril, 15 sept., 25 et 29 nov.; V; — J. Comitis, 16 janv.; — Jebencian, 18 mars; — de la Kalendre, 2 oct.; — de Marivaux, 14 déc.; — Maubue (Finitus), 7 févr., 18 oct.; — de Merderel, ou Marderel, IX; — Mortellarie, 2 mars, 21 août; — novus Nostre Domine, 27 juillet; — aus Ouez, 1er juin; — Plastrerie, 15 avril; — Magne Poterie, 8 et 22 sept.; — de la Porte Bourdelle, 2 juillet; — Reginaldi le Harpeur, XIV; — magistri Roberti de Parisius, 2 octobre; — des Saas, 43; — Sancti Christophori, 16 avril, 9 août, 15 octobre; XV; — Sancti Dionysii, 24 mars, 14 mai, 27 oct.; — Sancti Germani, 18 nov.; — Sancti Hilarii, 23 janv.; — Sancti Martini, 7 févr., 15 avril, 13 juillet, 18 oct.; — novus Sancti Mederici, 2 oct.; — Sancti Victoris, 28 juillet; — Scutellaria, XII; — de la Viez Tixerranderie, 24 sept.; — de la Vennerie, 3 juillet.

Parvi (Garnerius) junior, VIII, X, XI.

Parvi junioris (Petronilla la Hermande, vidua Garneri), VIII, IX, XI.

Parvi (Petrus), beneficiatus Ecclesiæ Parisiensis, XIV; — vicarius S. Victoris, 30 août.

Parvo Ponte (Aloldus de), 37; — Emelina, uxor, 37.

Parvo Ponte (Petrus, miles, de), 24.

Pasiacum, ou *Passiacum*. Voir *Paciacum*.

Paumier (Petrus), apotiquarius, 27 juillet.

Peregrinus (Johannes), aurifaber, 18 nov.

Petite (Margareta), uxor Guillelmi Poinglane junioris et Johannis Tibodi, 1er juillet et 28 août.

Petronilla, uxor Stephani Barbete, 21 mars.

Petronilla, uxor Guillelmi le Bescot, 2 et 3 oct.

Petronilla la Hermande, vidua Garneri Parvi junioris, VIII, X, XI.

Petronilla, uxor Adæ Madelinarii, XII.

Perronhella d'Oissery, 1er juin.

Petronilla, uxor Matheu Renart, 35.

Petronilla, uxor Andreæ Sause, 31 mai.

Petrus d'Aucans, ou d'Ocans, 26 nov.

Petrus de Bellavilla, 29 mars.

Petrus Boré, capellanus sacræ Capellæ, 16 déc.

Petrus Chagrin, presbyter, 29 déc.

Petrus Chopine, 16 janv.

Petrus Clerici, 6 févr.

Petrus Coquillier, 18 avril.

Petrus Coquus, 3.

Petrus de Fracis, 19 sept.

Petrus Fromondus, XII.

Petrus Hochecorne, 16 janv.

Petrus de Insulis, 28 juin.

Petrus de Latigniaco, XIII.

Petrus Michaelis, 2 mars.

Petrus Marcel senior, 28 juin.

Petrus Ogerius, præpositus Confratriæ, 25 oct.

Petrus de Ordeomonte, 23 juin.

Petrus de Passiaco, decanus Parisiensis, 28 févr., 10 oct. et 20 nov.

Petrus Palineu, 27 sept.

Petrus Parvi, beneficiatus Ecclesiæ Parisiensis, XIV.

Petrus Parvi, vicarius S. Victoris, 30 août.

Petrus, miles, de Parvo Ponte, 24.

Petrus Paumier, apotiquarius, 27 juillet.

Petrus Roberti, decanus S. Germani Antissiodorensis, 1er févr.

Petrus, presbyter Sancti Nicolai, 5 avril.

Petrus de Sarcellis, physicus, 12 févr. et 6 juillet.

Petrus Tibout, ou Tiboudy, 8 juillet; 43.

Petrus de Villaribus, 23 oct.

Philippus, dux Burgundiæ, 8 sept., 7 déc.

Philippus Byon, 5 mai.

Philippus de Grevia, 7.

Philippus Matricularius, 23 sept.

Philippus Ogerius, consiliarius in Camera computorum, 2 mars.

Philippus Poison, XIV.

Pigache (Thomas), 7 avril.

Pinu (Johannes de), curatus S. Benedicti Beneversi, 16 janv. et 13 avril.

Pisdoe (Agnès la), 7 févr.; — Odo, VII, VIII; — Thomas, XIII.

Plasiarius (Gilbertus), VII; — Sedilia, uxor, VII.

Poinglane: Andreas, 9 sept.; — Emelina, 16 déc.; — Guillelmus vetus, 14 janv.; — Guillelmus junior, 1er juillet; — Isabellis, uxor Andreæ, 9 sept.; — Isabellis, uxor Odoardi, IX; — Johannes, 9 sept.; — Margareta la Petite, uxor Guillelmi Poinglane junioris, 1er juillet et 28 août; — Odoardus, IX.

Poison (Philippus), XIV.

Poncius Lombardus, 1.

Pontigny (Domus de), 15 sept.

Popinus (Galterus), 29.

Porcherville (Johanna, uxor Michaelis de), VIII.

Porcherville (Michael de), VIII.

Ecclesiæ Parisiensis, 26 avril. — Voir Étienne.

Strabo (Hugo), 14.

Tabari (Johannes), episcopus Morinensis, 5 mars.
Talemelarius (Fotbertus), 21.
Termas (Vinea apud), 13, 21, 26.
Theobaldus Frogerii, 24.
Theobaudus de Viridario, 6.
Thomas Crasseterius, IV.
Thomas Pigache, 7 avril.
Thomas Pizdoe, præpositus Confratriæ, XIII.
Thomas Ruffus, XIII.
Thomas de Sancto Benedicto, draperius, præpositus Confratriæ, 1er sept.; IV, IX, X.
Thomasinius de Sancto Benedicto, 6 nov.
Tibodi (Johannes), 1er juillet.
Tibout, ou Tiboudi (Petrus), 8 juillet; 43.
Toltanus, 29.
Tousé (Jean), V; — Aalés, sa femme, V.
Trembléyo (Isabellis de), 1er déc.
Trenel (Mathæus), 37.
Turre (Gilbertus de), canonicus Parisiensis, 23 déc.
Turre (Guido de), 1.

Tybertus de Monlieri, ou Molieri, ou Montlehery, 27, 40.

Ulmetellum Regis, 37, 41.
Ulmo (Johannes de), canonicus Sanctæ Opportunæ, 12 juin.
Ursicampo (Radulphus de), præpositus Confratriæ, 11 mai. — Voir Ocans.

Val Richier (Johannes de), 23 juillet.
Valibus (Johannes de), rector ecclesiæ S. Eustachii, 11 avril.
Vallis viridis, prope Parisius (Cartusia), VI.
Verberia (Albericus de), canonicus Capellæ regalis, 3 juin.
Vernone (Guillelmus de), caligarius, II; — Johanna, uxor, II.
Vicenas (Infirmi et leprosi de Fontanello apud), 38.
Villamaris (Nicolaus de), canonicus Parisiensis, 11 mai.
Villa nova Regis, 39.
Villaribus (Petrus de), 23 oct.
Villaribus (Robertus de), 26 août.
Vincentius Drouart, 22 févr.
Viridario (Theobaudus de), 6.
Vivien (Andreas), 3 janv.

Ysabellis. Voir Isabella, ou Isabellis.
Yvo Derien, 11 juillet.
Yvri, 7-9.

TABLE DES MATIÈRES.

Nogent-le-Rotrou, imprimerie DAUPELEY-GOUVERNEUR.